值此书出版之际

感谢我的父母陈祖跃先生和刘多加女士

# 经济十字路口的
# 投资者窘境

## The Investor's Dilemma

陈恩挚 著

ZHEJIANG UNIVERSITY PRESS
浙江大学出版社

**图书在版编目（CIP）数据**

经济十字路口的投资者窘境 / 陈恩挚著. —杭州：
浙江大学出版社，2016.9
ISBN 978-7-308-16157-2

Ⅰ.①经… Ⅱ.①陈… Ⅲ.①投资—通俗读物 Ⅳ.
①F830.59-49

中国版本图书馆 CIP 数据核字（2016）第 204947 号

**经济十字路口的投资者窘境**

陈恩挚　著

| | | |
|---|---|---|
| 责任编辑 | 周卫群 | |
| 责任校对 | 杨利军　张振华 | |
| 封面设计 | 刘依群 | |
| 出版发行 | 浙江大学出版社 | |
| | （杭州市天目山路 148 号　邮政编码 310007） | |
| | （网址：http://www.zjupress.com） | |
| 排　　版 | 杭州中大图文设计有限公司 | |
| 印　　刷 | 杭州日报报业集团盛元印务有限公司 | |
| 开　　本 | 710mm×1000mm　1/16 | |
| 印　　张 | 13.5 | |
| 字　　数 | 194 千 | |
| 版 印 次 | 2016 年 9 月第 1 版　2016 年 9 月第 1 次印刷 | |
| 书　　号 | ISBN 978-7-308-16157-2 | |
| 定　　价 | 39.00 元 | |

# 推荐序

（排名不分先后，按姓氏笔画排列）

中国经济发展已进入了新常态。读恩挚书中的文章将有助于你在扑朔迷离的经济表象下，观察当前经济形势，把握经济走向，洞悉资本市场新趋势，理解正在进行中的各项改革及背后的经济学逻辑。这也将对你的投资有益。

——万光政（杭州日报报业集团总编辑）

《意见领袖》是新浪财经频道重点打造的高端品牌专栏栏目，专栏作家来自全球 30 多个国家和地区，涵盖了各个行业的领袖精英、知名作家和学者，恩挚是其中的一位。本书中有不少不错的文章，值得一读。

——邓庆旭（新浪网副总裁）

书中呼吁政府要公平地界定财产权利，一视同仁地保护公民的财产权，切实厘清政府和市场的边界，为民营企业的发展提供良好的环境，让企业家有稳定的发展预期，这些对中国的经济发展都是非常重要的制度保障。

——史晋川（知名经济学家、浙江大学金融研究院院长）

恩挚是我很多年的兄弟。虽然他连 K 线图都不懂，但这些年，我看着他一直在股市里赚钱。所以，恩挚关于投资方面的书，值得一看。

——叶文添（知名财经记者、中国经营报编委）

看完恩挚这本书,你会对当前的资本市场改革及其背后的经济学逻辑有更深入的理解。这应该会对你的投资有益。

——常永涛(天治基金管理有限公司总经理兼投资总监)

中国该如何深化改革?经济将走向何方?股市将如何表现?这无疑都是当前最热门的话题。在本书中,恩挚做了很多有益的思考和分析。值得推荐。

——谢作诗(知名经济学家、公众号《经济学家告诉你》主编)

# 前　言

　　这是一本关于投资的书,也是一本关于改革的书。

　　过去两三年,本书作者陈恩挚先生做过很多经济相关领域的预判,正确的概率比较高。比如 2013 年 11 月,他撰文《A 股大牛市可以有》;2014年 3 月,他大声呼吁《全面放开二孩有利于中国经济》;2014 年 4 月,他预警"人民币贬值预期可能会带来的经济风险";2014 年 6 月底,他提出"放开楼市限购已逐渐获得共识,但影响有限";2014 年 12 月底,他预判 A 股"未来可能迎来非理性上涨,行情持久度会与上涨速度成反比,最终昙花一现";2015 年 4 月下旬,他建议"支撑当前行情靠的是幻想,应该去掉杠杆,降低仓位,甚至选择离场";2015 年 10 月中旬,市场大幅反弹时,他又提醒《注册制推出之前难有大行情》。

　　本书主要遴选陈恩挚先生过去一两年时间发表于新浪财经《意见领袖》等媒体上的经济专栏文章,记录过去一两年里各项改革和经济热点,以及该背景下的投资之道,分析其背后的经济逻辑和投资逻辑。

　　这些文章中,除了发表在《杭州日报》等纸媒上的一部分外,其他文章几乎全部都上了新华网、新浪网、新浪财经、腾讯网、腾讯财经、网易财经的首页,有不少还曾经进入新浪财经、网易财经的当日点击量排行榜前列,并引发了不小的争议和讨论。

　　尽管本书中谈及的一些事件已成为过去,但这些相关的热点还会继续。同时,这些事件和话题背后的经济逻辑、常识和相关的投资之道应该是有长远价值和持久生命力的。

　　在宏观经济及改革方面,作者为"强化市场的功能""强化法治建设"的改革蓝图和战略叫好,同时指出改革的核心和重点应该是约束权力、放松管制、打破垄断、国企改革、各类所有制经济财产权保护及市场公平等方面。

　　而在投资方面，他认为判断顶部、底部和拐点是非常幼稚的，因为"抄底最低点"或"抛在最高点"的想法根本不现实。投资需要分析估值，需要逆向思维，并探寻自己内心的声音。

　　众所周知，投资投的是未来，投的是具体的标的，所以，重点是要有自己相对正确的预判。但是，这确实是一件非常困难的事。或许，本书会给你一些答案。这也正是本书的卖点。

**编　者**

2016 年 5 月

# 引言:未来的投资机会在哪里?

不知道,当你翻开这本书时,是什么时候;也不知道,那个时候 A 股大盘是多少点位,国内的深化改革又有哪些新的进展。

不过,现在的你最关注的可能是两个问题:一、中国经济未来将走向何方? 二、未来的投资机会在哪里?

如你所知,严肃的学者不应该只是简单地看空看多,而是要指出导致价格变化的约束条件,以及该约束条件可能发生变化的逻辑。

为此,坦白地讲,如果你期望借助这本书直接告诉你上述问题的答案,那么你有可能会略有失望。不过,书中的一些投资分析方法和经济学逻辑或许可以翻翻。

## 未来三大投资方向

眼下,中国经济和社会已经走在一个重要而复杂的十字路口。结合当前的经济形势,简单地说,未来政府的中心工作有两个:一是稳增长;二是促改革。在这样的大背景下,投资者比较明确的投资方向主要有三个:一、稳增长带来的短期套利机会(以下简称"稳增套利");二、改革带来的制度红利;三、避险。

在我看来,这阵子的买房热可以理解为"稳增套利"。在相当长时间里,房地产经济扮演着经济火车头的角色,它不仅限于房地产行业自身,还与建筑、钢铁、水泥、家电等一大批产业息息相关。为此,出于稳增长的需要,在降息、降税等新政的背景下,房地产开始"去库存",有些城市房价出现不同程度上涨,吸引了更多投资者入场。

不过,冷静下来思考,我们知道,借助房地产业拉动经济属于旧的经济增长方式。中长期来看,减少经济对房地产的依赖仍应该是大趋势。为此,尽管政府不愿意看到房价下跌带来的经济风险,但是,也肯定不乐意看到房价过快上涨带来的风险。眼下,远的有"4万亿"后遗症,近的有2015年因暴涨引发的股灾。这些教训让政府不得不对房地产市场有所警觉,不得不让其考虑房价若暴涨的可能严重后果。对此,作为投资品的话,有朋友建议大涨就卖,别买期房,不做长线投资,或是出于这方面考虑。

至于A股等资本市场的投资机会,短期内取决于各方的信心指数,因为政府在救市,所以,可能有"稳增套利"机会。而中长期来看,关键还是取决于改革的成效。

不过,相比经济走向,资本市场会是非常敏感的。尽管改革的作用无法立竿见影,但若一系列改革和举措让投资者感受到向好的端倪,感受到信心,不需要等到具体成效的出现,甚至可能仅是一个错觉,资本市场也会马上反应。

借助这个逻辑,我们便能够理解2014年6月至2016年年初A股的暴涨暴跌。前期的暴涨有很多因素,比如楼市吸引力在下降,刺激经济带来的流动性向好,但最重要的因素应该是民众对改革和新政的预期,特别是对资本市场改革的预期,这就是我们通常说的"改革牛"或"预期牛"。

至于后来的暴跌,国内经济及流动性过剩的局面并没有大的变动,变化其实来自投资者的心理,可以理解为前期非理性的、过度的期待落空了。现在想来,估值其实是动态的,信心降低了,估值就显得特别高了。

为此,某种意义上讲,那一波"股灾"不是发生在2015年6月中旬之后,前期的暴涨也应该是股灾的一部分。因为有前面的暴涨,才有后面的暴跌。因为前面信心爆棚、过于乐观,才有后面的"乐极生悲"。至于暴涨暴跌的根源则是A股的制度缺陷。我认为,其中两个主要的缺陷是:涨跌停板制度及发行核准制。

## 政策是最大的变量

记得在 2014 年下半年,不少人拿当时的 A 股与 1986—1990 年的中国台湾大牛市做对比。公开数据显示,尽管台湾那一次大牛市从 1000 点下方一路涨到 12000 点,但中途也经历过多次暴跌。在 1987 年前后,台湾证券交易所(TSE)指数一度下跌 51%,而 1988 年四季度,指数一度下跌 43%。

所以,不少投资者难免会想,经历前期大跌之后,A 股未来会出现改革牛 2.0 吗?

2016 年 1 月,美国金融投资家乔治·索罗斯的一个媒体访谈引发各方关注。其中,他谈到:"中国的政策制定者有足够的资源应对其当前面临的经济问题。"

他的这个观点,应该得到很多人的认同。由此看,牛市 2.0 的可能性是存在的。不过,结合前面的分析,投资者关注的着眼点不是经济基本面,而应该是制度和政策层面的变化,即改革的进展。若要等到经济基本面出现明确的信号,届时,你可能已经失去良机。

根据经济周期和规律,经历这么多年的高增长之后,中国经济出现降温,这是很正常的,并不可怕。可怕的其实是,当经济需要转型时,改革却停滞不前。所以,一般认为,如果稳增长和促改革不可兼得,要在两者之间有所倾斜或"二选一"的话,应该选促改革。

为此,如果改革如期推进,未来制度红利是一条非常重要的投资主线。比如,2015 年 10 月底,中央决定全面放开二孩。如果能够事先预判到这个制度变化,做一波二胎概念股,将赚得钵满盆满。

这类机会不仅出现在"政府主动简政放权"时,也出现在包括政府对"借助互联网等工具绕开政府管制,打破垄断"的包容态度上。

曾经听一位投资老总讲他错失投"滴滴专车"的经过。当初,否决该标的时,他的想法是政府肯定不允许互联网专车大规模存在。但事后表明,政府的态度比他想象的要更加包容。为此,他错过了原本几十倍收益的机会。

可以预见，如果未来有类似的机会，有可能出现在医疗、教育、文化等一些相对封闭和市场化程度不够的行业或领域。当然，也有可能出现在资本市场的改革过程中。

## 市场化是本轮改革的根本逻辑

对于当前的改革，大方向其实已经非常明确。

2013年11月召开的十八届三中全会明确了一个重大战略："发挥市场在资源配置中的决定性作用。"其已明确市场化是本轮改革的方向和根本逻辑。

一段时间来，"新常态""供给侧改革"等提法都非常热门。其实，其背后的经济学逻辑就是市场化，即通过推进市场化改革，减少政府对市场的干预，减少政府对资源的直接配置，降低经济社会的运行成本。

推进市场化，就必然意味着要强化法治建设，同时，要放松管制，打破垄断，要推进国企改革。

不久前，大家都在谈论证监会的离职潮，说是引发人才流失。其实，这对资本市场是好事。

在放松管制、减少审批、减少权力寻租的趋势下，必然有一些权力部门的干部感觉失落，考虑离职。比如，全面放开二孩后，计生干部可能失落了；简化工商注册和年审手续后，工商干部可能失落了；简化车辆年审后，车管所干部可能失落了；互联网专车出现后，运管部门干部可能失落了。这都是市场化进程中肯定会经历的过程。如果今后，有越来越多的政府部门官员感觉失落了，越来越多的人不再需要请官员吃饭或给他们送礼，改革就成功了一大半。

至于国企改革，其战略方向和目标也在于市场化。说到这个话题，我想起与一位图书零售企业老总的一次交流。

他说自己在两个知名的电商平台（A和B）上都开了书店，不过，平台B有自营业务，流量和各种资源都向其自营的图书倾斜，这让他在平台B上举步维艰。从中可以看到，自营业务的存在或过于强大一定程度上会束缚平台的发展。

事实上，当前不少民营企业的处境，和平台 B 上的第三方书店很相似。银行喜欢贷款给国企，求职者优先考虑国企，加上国企的公信力优势，这让民营企业在市场竞争中承受巨大的不公和压力。

其结果是，容易导致垄断，阻碍有效竞争，影响到资源配置的效率。从全球的视野看，如果把国家看作一个平台，其可能会影响到该平台的竞争力和活力。为此，推进国有企业改革，推进竞争性行业的国企民营化应该是"发挥市场在资源配置中的决定性作用"的必经之路。

**避险也是一种重要的投资**

不得不说，政策预判是有相当难度的。有时候，对于稳增长还是促改革，还是最终"赔了夫人又折兵"，确实很难判断。这其中，有必然也有偶然。比如，"熔断助跌"事件发生后，监管层短期内对资本市场的改革和创新会趋向保守。

与此同时，相比未来不确定的好处，人们往往会更喜欢手头已经明确的蝇头小利。如果不考虑多寡及付出部分，在原有的制度中，人人都有既得利益。所以，既得利益者与受害者的界限不是那么分明。有时候，阻力可能不仅来自既得利益者，还可能会来自受害者。

比如，作为资本市场市场化的重要一环，A 股发行注册制遭遇了很多非议和反对。因为在非注册制下，单支股票的价格是隐含着壳资源溢价的，即已通过审批的价值。如果实行注册制，则意味着这部分价值会减少甚至消失，这很可能影响原持股者手里的股价。这就好比，手里持有出租车牌照的人大多会反对完全市场化且无需牌照的专车。

但这种想法是短视的。市场化改革的目的不是分蛋糕，而是提高经济的活力和运行效率，是做大蛋糕。非注册制下，资金围着垃圾股乱炒一通，市场变成赌场，普通投资者永远是输家，是权力寻租的最终买单人，是最大的受害者。

这就好比，在上一轮私有经济比例上升的进程中，当时的国企改革导致不少国企工人下岗，但结果是，相当多的人因此摆脱了对"铁饭碗"的依赖，过上了更好的生活。同时，在那一轮进程中，中国经济得到大发展，每个人都因此获益。

尽管如此,对很多人而言,若不是"忍无可忍",他们一般还是宁愿承受已经确定的苦,也不愿意接受改变,不愿意接受不确定和未知的变化。这是人性的一部分。

为此,所谓不破不立,很多时候,没有经历苦难,就很难拥有"化茧成蝶"的美丽。如果从乐观的角度去理解,当前经济上遇到的各项问题或许可以让各方更加勇敢和坚定地去拥抱变化,从而成为中国改革前进的动力。

我相信,one thing leads to another,改革就像一次创业、一次人生突围。这让人又想起乔布斯。当年,乔布斯在研究 iPad、iPhone 时,很多同事问他,为何不做市场调研。不仅如此,比尔·盖茨等同行当时经常还会嘲笑他。对此,乔布斯根本不理会。他的回答是,消费者自己也不清楚要什么。我把产品做出来了,他们才知道。①

在目前这个时点,中国的政治家应该向乔布斯学习,需要有一种不怕外界质疑的倔强。以民众福祉为中心,认准方向,克服阻力,勇往直前。

话说回来,作为投资者,当看不清趋势和未来时怎么办?我的投资体会是,别把注意力固着在趋势和未来,而是要感受当下,探寻自己的内心。事实上,避险也是一种重要的投资。这阵子,少数人换美元、去香港买保险,或是出于避险的考虑。

最后,我想借助本文诚挚地感谢万光政、邓庆旭、史晋川、叶文添、常永涛、谢作诗诸位良师益友对本书的诚意推荐。这是我莫大的荣幸。

恩挚于杭州

2016 年 5 月 18 日

---

① 沃尔特·艾萨克森著:《乔布斯传》,中信出版社 2011 年版。

# 目　录

## 楼市篇

## 互联网金融篇

**资本市场篇**

# 宏观经济与改革篇

这些年,中国经济经历了数十年的高增长,取得了巨大成就,但也面临一些问题。其中一个严峻的问题是,长期粗放型的增长方式让中国经济社会处于高成本运行状态。

2013年11月召开的十八届三中全会明确了一个重大战略:"发挥市场在资源配置中的决定性作用"。

要实现市场配置起决定性作用,就是要"把能交给市场的配置,尽量交给市场",这必然要通过改革打破垄断,减少审批,减少管制,减少竞争性行业中国有经济的比重,保证各种所有制经济公平、有效竞争,保护财产权,提升民众的安全感。相对应,决策层要通过改革,强化法治建设,把权力关进制度的笼子里。

毋庸置疑,如果改革顺利推进,其带来的制度红利将是未来非常重要的一条投资主线。

本篇中的文章试图让读者更透彻地理解当前的市场化改革及其背后的经济学逻辑。

# "专车"服务对出租车司机是利好

> "专车"服务的出现,事实上是绕开了政府的管制,打破了原来出租车市场的垄断,减少了乘客和司机之间的交易成本,提高了双方交易的效率。最明显的一点是,司机们今后要交的"份子钱"可能没有了,至少是"减少了"。如此一来,将促进需求,增加社会福利。而这个事件更重要意义在于,给决策者启示和提醒:除了出租车领域外,借助科学的管理或新的技术,还有哪些领域存在不必要的过度管制?

"'专车'的出现对我们老百姓来说,太好了。"谈起"专车"及出租车的话题,不少朋友聊天时说。

不过,自从诞生以来,"专车"的服务模式一直受到诸多非议。

据《新京报》,某市交通执法总队表示,私家车借助网络平台和手机软件预约租车,提供的是门对门、按次计费、按里程计价的服务,实际上就是提供出租车服务。进而认为,"专车"就是黑车。[①]

这简直是不可理喻! 事实上,各类包车、专车接送服务已存在二三十年。现在,有的企业只是凭借互联网的技术,多接几单生意,就说这是黑车,是非法的。这合适吗?

这就好比,前几年,我偶尔会受邀请去学校或金融机构讲个课。但近一两年,借助互联网的力量,良好的口碑让我知名度有所提高,信息更加对称,联系我也更加方便。因此,出去讲课的次数多了一些。如果有关部门硬要我提供教师证。这不是强词夺理吗?

---

① 《新京报》2015 年 1 月 10 日,A8 版,《北京多部门约谈"滴滴专车"》。

当然，中国目前正处于经济社会转型期。法律法规毕竟是人制定的，如果不合理，是可以改的。所以，先抛开合法性问题不谈。"专车"是否应该获得鼓励和支持，最关键的是，"专车"的出现到底给我们带来的是好处多，还是坏处多？

对此，我从经济学的角度想了好几天，发现"专车"服务的出现，除了对特定部门和官员是利空，动了他们的奶酪外，对老百姓，对出租车司机，对经济，都是利好。

"专车"服务的出现，事实上是绕开了政府的管制，打破了原来出租车市场的垄断，减少了乘客和司机之间的交易成本，提高了双方交易的效率。最明显的一点是，司机们今后要交的"份子钱"可能没有了，至少是"减少了"。如此一来，将促进需求，增加社会福利。

另外，值得关注的是，打车软件及"专车"服务，是继余额宝之后互联网带来的又一次颠覆。那么，下一个被颠覆的行业会是谁呢？

### "专车"的出现带来哪些好处？

对于普通老百姓而言，毋庸置疑，"专车"的出现是利好。比较直观的有：满足多元的用车需求；服务体验更好；打车，特别是早晚高峰变得容易。

而间接的好处，可能是降价。目前，即使不算促销因素，有的专车的服务价格已低于出租车。这是因为，长期以来，出租车司机交的"份子钱"，其实是乘客在买单。"专车"不需要交或少交"份子钱"，那么乘客就成为最大获益者。

此外，"专车"的出现可以减少拥堵。平日里，交管部门尽管会打击黑车，但他们绝不会"下重手"，让其消失。否则，罚款没了，处罚权带来的灰色收入也没了。更不用说，他们有时还要完成一些查处任务。

但"专车"出现后，黑车将会大大减少。如此一来，路上停车招揽乘客或议价的黑车就减少了，这一定程度会减少拥堵。

与此对应的是，家庭拥有汽车的积极性会下降。当经济型汽车已经不再有炫富的功能，如果平日又很少开车，那么，"专车"的出现可能会使不少家庭放弃买车的打算。这可能可以节省资源和减排。

不过，对于"专车"，人们还有诸多顾虑。比如，消除管制之后，"专车"会不会无限多，满大街跑？我想，市场一定会自动调节，最终出现新的动态均衡。"专车"企业不是雷锋。这个事，市场会自己调节，不用我们操心。如果车子跑在街上，一天到晚没有顾客，"专车"企业会自动减少车辆，甚至选择关门。

还有人顾虑的是"专车"的纠纷及安全问题。对此，知名经济学家谢作诗先生很早就预见到打车软件带来的颠覆效应。他在2014年出版的《人人都是资本家》一书中曾提道："因为交易在电子平台上留下了记录，应该比传统出租车更安全。"

同时，老百姓是理性的。管制松动之后，由于激烈的市场竞争，考虑到品牌形象，"专车"公司会比任何运管部门更加重视服务质量及投诉、纠纷等问题。

另外，人们还会问，目前出租车司机被收"份子钱"，那么"专车"公司今后不会收吗？我想，"专车"未来也会收。但是，如果这个市场足够开放，不被垄断，那么，相比以前，"专车"公司收的"份子钱"肯定会大大减少。

### 司机需求的增加促使劳动力价格上升

尽管如此，地方运管部门可能会以"出租车司机的就业和薪酬"问题，作为继续维护原有管制的借口。但是，这个借口其实站不住脚。

由于出租车牌照的管制，很多城市存在打车难的问题，特别是上下班高峰。但仔细分析，这种管制导致的出租车牌照稀缺，其受益的是既得利益部门和官员，及通过非市场手段拥有出租车牌照的人。

比如，牌照拍卖带来的财政收入，办理各种证件带来各种收费，"黑车"罚款收入，以及管制和权力所带来的寻租空间、机会。

不过，出租车牌照稀缺，出租车司机并不稀缺。驾驶员所处的劳动力市场，是充分竞争的市场。驾驶员的收入，是根据这个市场的供求关系决定的。

牌照稀缺只是可能导致提高出租车的"份子钱"，并不能使出租车驾驶员获益。至于失业，更无从谈起。说得直白一点，出租车司机可以选择不开出租车，去开专车。

事实上,专车的出现,对出租车司机不仅不是利空,反而是利好。因为管制的减弱,未来将使高昂的"份子钱"大大减少。交易成本大幅降低后,这部分财富将做一些新的分配,首先是老百姓"分到肉",而司机群体可能多少也能"喝到汤"。

而从劳动力供求与薪酬关系的角度分析,由于"专车"的出现,其便利性和服务的改善,会释放和提升需求,使老百姓用车的次数增加,平均客单价可能也上升。交流中,多位朋友说,有了"专车"后,用车次数略有上升,特别是上下班高峰也"敢"出行,会选择专车。

如此一来,将使劳动力需求和效率上升,这将有利于司机这个群体的薪酬增加。

由此分析,放松管制及市场化的推进,唯一受损的是,相关权力部门及官员。他们也正是外界说的"既得利益者"。他们很怕没东西可管,因此失去权力。

那么,我们就要问,"管制"到底是为了民众的利益,还是为了相关部门的利益呢? 如果市场这只看不见的手能自己发挥作用,民众已经不需要你再管了,你为什么还不松手呢?

近30年来,中国经济取得巨大成就,很重要的原因之一是:管制减少,提升了经济活力。

但是,不能否认,这些年,中国经济社会仍一直处于高成本运行,甚至中国经济正因此遭遇天花板。其很重要的根源是,政府和官员们的权力过大,过度管制现象仍然大量存在。

老百姓和企业最直接的感受是,生活和商业活动中,需要各种审批,办各种证件。在一些地方,要做一个房产项目需要盖一百多个章。

通过对"专车"这个事件的分析,我们可以更清楚地明白,通过放松管制确实可以释放社会福利,降低社会运行成本,提高企业活力,提高老百姓福利。

由此来看,这个事件更重要的意义在于,给予了决策者启示和提醒:除了出租车领域外,借助科学的管理或新的技术,还有哪些领域存在不必要的过度管制?

# 对"专车"的包容度关乎城市竞争力

> 从城市管理角度来看,"出行难、打车难"与每个老百姓的生活、工作息息相关。而企业运转的核心是员工,因而,解决"出行难问题"关乎广大企业的运转效率,也关乎一个城市的运转效率。目前看来,"专车"的出现,在缓解出行难方面提供了良好的契机。
>
> 因此,作为一个互联网新生事物,各地政府对"专车"的态度,将关乎着一个城市的竞争力和营商环境,也从侧面折射出各地对新生事物的包容度。当然,作为监管部门,政府还要务必保持这个市场公平和开放,要警惕和防止出现新的垄断。

我的专栏文章《"专车"服务对出租车司机是利好》发表后,引发热议。在很多人点赞的同时,也有不少人表达了疑虑。从评论来看,其中还包括一些出租车司机。

鉴于在眼下,互联网"专车"是大热点,且有重要的启示意义,所以,我想对网友们热议的几个问题,做进一步的分析和探讨。

事实上,从城市管理角度来看,"出行难、打车难"与每个老百姓的生活、工作息息相关。而企业运转的核心是员工,因而,解决"出行难问题"关乎广大企业的运转效率,也关乎一个城市的运转效率。目前看来,"专车"的出现,在缓解出行难方面提供了良好的契机。

因此,作为一个互联网新生事物,各地政府对"专车"的态度,将关乎着一个城市的竞争力和营商环境,也从侧面折射出各地对新生事物的包容度。这也是城市竞争力的一种体现。

由此或许可以理解,为何北京、上海对"专车"的打击力度最大。因为相比其他城市,它们在中国具有不可取代的地位,有点"傲娇"。

**出租车司机遇"破茧之痛"**

在《"专车"服务对出租车司机是利好》发表后，看到多位出租车司机评论说，担心"专车"分食、抢生意。这个想法可能存在误区。

因为，高额的出租车"份子钱"是垄断的产物，并且是动态变化的。"专车"出现后，当垄断（或称牌照管制）被打破，将导致出租车"份子钱"下调。

试想，若出租车维持高额的"份子钱"不变，而"专车"不收或少收，那么，出租车必然被理性的司机所抛弃。

总体而言，眼下出租车司机正在遭遇"破茧之痛"。一方面，"份子钱"还没降下来；另一方面，生意多多少少被分食。不过，阵痛是短暂的，需要坚持一下；否则，就有那么点"被人卖了，还帮别人数钱"的味道了。

当然，作为监管部门，政府务必保持这个市场公平和开放，要警惕和防止出现新的垄断。

**安全性与"是否为私家车"没有关联**

对于"专车"，交通部曾表示"禁止私家车接入参与经营"[①]。对此，我非常不认同。

经常乘坐出租车的人可能有印象，有时候，我们会遇到个别出租车特别整洁和干净。问过之后，你会知道，这是司机"自己的车"。所以，我想不通为何"禁止私家车介入参与经营"？为何要让所有权与司机分离？

从网友的评论来看，对于"专车"，人们最担心的还是安全问题。这个问题，我在《"专车"服务对出租车司机是利好》一文中已经讨论过，不再赘述。不管如何，安全性与"车辆是否为私家车"没有任何关系。

其实，我认为交管部门的责任是，对"专车"车辆进行规范的备案，倘若出现问题，以便确保能找到有能力担责的公司，并维护乘客的合法权益。如果需要，再对"专车"车辆的保险缴纳进行规范，那就没问题了。我

---

① 《交通部：禁止私家车接入专车平台参与经营》，网易科技，2015年1月19日。

想,包括不允许路上停车议价在内,这些都能体现"专车"与黑车的区别。

实践已经证明,越开放往往越安全;越管制,常常会逼得一些人去搞一些灰色的东西,从而导致安全隐患。

**为何出租车服务不如"专车"**

看到一篇文章,题目为《为何出租车和专车司机长着两张截然不同的脸》。其实,这很正常。因为"专车"的服务关乎"专车"企业的品牌形象,因而驾驶员会受到严格的监管。也就是说,良好的服务会获得"溢价"。

相比之下,出租车司机是被盘剥的,一直以来,价格是受管制且供不应求,好的服务也没有溢价。那么,有什么动力让他微笑服务呢?从经济学的角度讲,这是垄断或管制导致了市场"失灵",导致市场对服务的定价功能失效。

# 从专车反思当前的医改

> 一方面,老百姓感觉看病没少花钱,"看病贵""看病难";另一方面,医生们压力大负荷高,收入却不高。这中间出了什么问题?专车的出现及出租车"份子钱"相继取消给医改带来启示。对这些行业的研究也让我们洞察到当下制约中国经济发展和腾飞的两个重要瓶颈:一是政府的过度管制及其造成的垄断往往引发不公,可能隐藏一部分人对另一部分人"暗中套利"的不合理机制;二是中国近些年经济高成长的同时,一些不合理的中间成本让经济社会长期处于低效率高成本运行状态中。

近日,国务院常务会议明确了 2016 年深化医药卫生体制改革重点,表示要让医改红利更多惠及人民群众。[①]

这些年,医改已经进行了好几轮,但不管是医生,还是老百姓,都一直没有感觉到特别好的成效。医改到底要怎么改?这个话题,让我想到了最近被颠覆的出租车行业。和医疗行业有些相似,出租车行业也一度存在"服务体验差""打车难"等问题。但是近段时间互联网专车的出现缓解了这些问题。

一般来讲,一项比较贵的商品或是服务,原因主要有:品牌溢价,或借助专利权垄断,或稀缺的自然资源等因素,否则,不太可能长期稀缺和高价。因为会有一些市场嗅觉敏锐的人努力涌向这个行业,增加相关供给,除非其存在行业管制而导致市场失灵。

---

[①] 新华社北京 2016 年 4 月 6 日电,《国务院常务会议确定 2016 年深化医药卫生体制改革》。

"专车"出现后,用互联网工具绕开管制,倒逼不少城市取消了"份子钱",让打车不再难。这个案例对于医改很有借鉴意义。

## 医改方向:是否考虑让医生与医院脱钩

在出租车行业的原有模式中,政府先是限制出租车牌照数量,让牌照稀缺,然后出售牌照的使用权。这些费用提高了交易成本,最终由交易双方,即司机和乘客买单。

不仅如此,因为牌照稀缺等垄断机制造成了打车供不应求,司机更优质的服务没有溢价。这自然导致了打车难及服务差的问题。有人可能说"打车还是不贵的",但价格是相对的,"份子钱"客观上抬高了打车价格。同时,时间也是成本,打车难也是打车贵的一种体现。

长期以来,国内老百姓对上述监管方式似乎已经习以为常。直到"互联网专车"出现后,用市场化手段动态调节车辆供给和均衡,缓解了打车难,倒逼"份子钱"下调,人们才恍然大悟。

至于医疗行业,深入分析后我们会发现,造成"看病贵""看病难"的根源也是管制过多。

在医药行业,一方面,老百姓感觉看病没少花钱,"看病贵""看病难";另一方面,医生们压力大负荷高,收入却不高。这中间出了什么问题?

与司机为乘客提供服务一样,医生给病人看病本来也是一个很简单的服务交易过程。但是,复杂的职称评定和医院评级等制度让一部分三甲医院等的医疗服务成为稀缺资源,同时,这些制度让医生和医院死死绑定,让相关医院成为医生与患者之间绕不开的服务中介。这与出租车司机被出租车及其牌照死死绑定很相似。

其现实结果是,医院的高层等相关官员掌控了各种配置资源的权力,其代价是普通医生在高强度高压力下工作,好的服务也没有享受溢价,以及患者高昂的看病费用和普遍的看病难问题。

在这个过程中,被束缚在体制内的医生们其实是被动而无奈的,他们的专业技能和高强度工作可能没有得到应有的回报。他们是否被医院收取了隐性的"份子钱"呢?我认为是存在的。同时,院长们有没有把手中权力和稀缺资源进行寻租呢？目前来看，医药行业的腐败早已经不是新闻。难怪，相对于提高医术、服务好病人，很多医生更热衷评职称、当领导。

为此，如果借鉴"专车"对行业的颠覆，未来的医改方向可以考虑：第一，出租车服务由出租车、牌照、司机组成，类似地，医疗服务由医生＋医疗设备组成。如果司机离开出租车和牌照，凭技能也一样能提供服务，那么"份子钱"就收不了了。所以，要强化医生医术的价值，弱化医院及医疗设备的价值。应该允许符合条件的医生开诊所，同时，让医院和医生脱钩。如果需要手术或化验、检查，医生诊所或医生团队可以自由地选择多个合作医院，并根据自己的服务的口碑自由定价，推进医疗服务的市场化，让医院收不到"份子钱"。与出租车行业取消"份子钱"一样，这也将让患者得到福利；第二，与此相对应的制度设计是：取消复杂的职称评定（只分实习医生和可以独立行医的医生）和医院评级等制度；第三，明确开设医院的门槛，鼓励和发展民营医疗机构，让竞争更充分而公平，同时监管重点转向医疗欺诈和纠纷。当然，我不懂医疗，这些只是我从经济学视角谈一些设想。

对于上述设想，一位在三甲医院工作的医生朋友对我说："医生群体，尤其是年轻医生确实过得特别压抑。然而，就像交管部门可能不喜欢专车，计生部门可能不愿意放开二孩，证监会可能不愿意推行注册制一样，医疗改革的建议大都来自医院或卫生领域的高层，你的市场化改革建议意味着他们会失去权力寻租空间。他们肯定不愿意推行。"

### 还有哪些行业存在"份子钱"？

尽管长期实践已经证明政府借助管制进行配置往往不如市场化手段有效率，但现实中，如果没有一定的约束，政府容易把手"伸得很长"，会有代替市场手段主导资源配置的思维误区或利益冲动。

在日常生活中，我们经常会感叹东西贵，生活成本高。有朋友说，在国外看到一些 made in China 的产品，售价比国内还便宜。与此同时，不少企业也反映说各种税费和运营成本过高。这当中，由管制引发的"月收入四五千元出租车司机一个月要交四五千元份子钱"现象是否需要引起我们反思？

"份子钱"的存在和取消让我们洞察到当下制约中国经济发展和腾飞的两个重要瓶颈：一是政府的过度管制及其造成的垄断往往引发不公，可能隐藏一部分人对另一部分人"暗中套利"的不合理机制；二是中国近些年经济高成长的同时，一些不合理的中间成本让经济社会长期处于低效率高成本运行状态中。

为此，鉴于出租车服务、医疗服务的分析，一个值得探讨的话题是：在国内，还有哪些行业因为过度管制或市场化不够而存在显性或隐性的"份子钱"，并因此增加交易的中间成本呢？

我觉得寻找的大方向有两个：一是因政府管制导致稀缺的行业；二是生活中那些被我们感叹"××难""××贵"的行业。

比如，相比境外的港股和美股，A股市场的股票价格贵很多。同样的企业，A股相对港股的溢价平均超50％，有的溢价达到700％以上。这其中，一个很重要的原因是，A股监管层对企业上市实行严格的管制，从而导致上市资格稀缺。尽管证监会没有把上市资格像出租车牌照一样拿出来出售，但管制带来的审批权、筛选权给予相关审批部门巨大的权力，并容易引发寻租现象。其结果是普通投资者以高股价为这种权力审批和寻租买单，这其实算是隐性的"份子钱"。

其他还有什么行业？体制内教师的劳动有没有被收"份子钱"？国内的贷款利率特别高，存款储户和贷款者之间的高利差有没有被收"份子钱"？房地产行业呢，为何房价这么贵？老百姓之间能不能不通过政府直接交易土地，土地供给管制是必须的吗？

在市场化、法治化改革推进的过程中，上述这些经济社会的热点都应该是我们改革要面对的重点议题。

**政府的基本功能：为交易双方分工、合作提供信任桥梁**

分析过度管制和市场化等经济话题，我们自然有必要回顾一下政府的基本功能及经济学的一些相关基本逻辑。

　　什么是经济学？通俗一点讲，经济学的核心思想是研究如何有效配置资源。很多时候，资源配置是通过人与人之间分工与合作实现的，所以，经济学也可以理解为，关于促进有效分工与合作的一门学问。

　　众所周知，分工与合作是人类进步和人类文明发展的重要源泉。如果没有分工与合作，爱因斯坦可能一辈子自己种田、除草、做饭、造房子、带孩子，其他事情基本无暇顾及，更谈不上成为物理学家。这也正是经济学的意义和价值。在其中，不言而喻，信任是分工、合作的根基。

　　在遥远的古代，在原始部落，人们原本是自给自足的，或只与邻居开展分工合作，比如农户家的小麦换邻居猎人家的羊。后来，慢慢有了集市，分工、合作的范围扩大，生活更加便利和丰富。

　　有了集市后，就需要有人偶尔出来维护交易的秩序和公平。越公平、公正的集市往往越繁荣。这些维护秩序的人就是政府的雏形。

　　再后来，专业化程度的提高和分工的进一步细化，使人们不但在自己附近的集市交易，还去远一些的集市交易。随着分工、合作的发展，交易的范围和空间不断扩大。在这个过程中，因人们交易的需要，也就是因经济发展的需要，慢慢出现了政府，出现了国家，出现了货币。

　　由此可以看到，政府是因交易、因经济活动而出现的。其在经济活动中的重要作用就是确保分工、合作过程中自愿和公平原则的实施，从而帮助促进人与人之间更紧密、有效的分工与合作。比如，A 与 B 如果相互不认识，彼此不信任，原本无法开展合作，但他们都信任政府及其法律。以此为基础和保障，并以货币为工具，他们便可以开展合作、交易。

　　当然，这个过程中，政府的工作需要有人来承担，需要费用运营，同时，一些公共设施需要建造。所以，交易双方需要缴税。

　　政府的基本功能其实是为交易双方开展分工、合作提供了信任桥梁。政府重点负责交易过程的自愿和公平，保护交易者的财产安全（否则人们不会有努力劳动的积极性），确保公共服务和基础设施建设，保障弱势群体的基本生活等。其他方面，能交给市场配置的，应尽量交给市场。

　　结合上述分析，在一个经济社会中，老百姓对政府的信任，及私有财产的保障程度，及市场自由化程度都是至关重要的，其将相当程度上影响到人们分工、合作的效率。与此同时,政府的效率越高,经济社会的运行成本就越低,人们在交易过程要付的税费就越少(也就是说,只有减支,才能真正减税费)。在经济全球化的今天,这也是一个经济体竞争力的重要体现。

# 关闭所有民营医院也改变不了行业窘境

> 　　与其希望把莆田系等民营医院骂成狗,赶尽杀绝或逼入灰色地带;不如给他们一个机会,让他们尽可能到阳光下来,以严格的司法及充分的市场化竞争来规范和引导这个市场更健康地运行。同时,此事件也提醒我们,国内医疗产业还很落后和封闭,其未来前景广阔。

　　"魏则西事件"①说的是,21岁的大学生魏则西因滑膜肉瘤病逝。他去世前在知乎网站撰写治疗经过时称,在百度上搜索出某武警医院的生物免疫疗法,随后在该医院治疗致病情耽误。

　　"魏则西事件"发生后,各方对百度、莆田系及有关医院进行声讨。

　　事件发生后,我请教了哈佛大学的一位细胞生物学博士朋友,他说免疫疗法是很好的疗法,但是,黑医院的疗法害人害己另当别论。

　　百度可能确实有不地道的地方,但公众要求百度对如此高大上的疗法进行鉴别,确实有些苛求。

　　不管如何,如果医院医生骗钱甚至致命都可以毫无忌惮或置身事外,那肯定不是百度的错,而是司法制度、医政制度等相关制度存在缺失。

　　除此之外,我们该如何看待莆田系,看待民营医院呢? 首先,我们肯定要谴责让人致穷甚至致死的具体骗子医院及幕后骗子团队,让其付出代价。其次,从公开的资料来看,确实有不少莆田系医院及医生是靠行骗赚钱,且手段恶劣。但是,我们不能没有区分地把矛头指向整个莆田系,甚至指向民营医院。这就好比,不能因为曾经有温州商人卖假皮鞋,就给

---

①　《新京报》2016年5月3日,A6版,《联合调查组进驻百度查"魏则西事件"》。

所有温州皮鞋贴上劣质皮鞋的标签,甚至禁止温州人制造和出售皮鞋。这显然不公允。

列夫·托尔斯泰曾说:"人正像河流一样,时而清,时而浊,时而冰凉,时而温暖;有时表现这一种人性,有时表现那一种人性,人常常变得面目全非,但其实还是他本人。"在市场经济中,不管是卖鞋还是行医,营利和为他人服务并不矛盾。我们相信,不少以莆田系为代表的民营医院也想办好医院,济世救民,但如果他无论怎么做,无论多努力,都毫无区别地被人说成骗子。这样的舆论环境是不是有些"逼良为娼"?

事实上,比骗子更可恨的是相关制度的缺失。如果卖假皮鞋比卖优质皮鞋更赚钱,且能够供不应求,没有法律风险,这肯定不是人傻,而是制度设计有缺陷,造成"劣币驱逐良币"。

在医疗行业也是一样。从逻辑上讲,不是莆田系等民营医院搞乱了这个行业,而是这个行业存在一些突出的问题和制度缺陷而让部分莆田系骗子有可乘之机。

这几年,医改改了好几轮,但"看病贵""看病难"问题收效甚微。

这几天,通过"魏则西之死"事件,朋友圈里有医生朋友发了一个调侃的小贴士:"如何通过医院官网判断其是不是好医院? 好医院:官网首页都是一些你根本不想点进去看的内容,党建团建、行风建设、学术会议……坏医院:官网首页上挂着 24 小时在线咨询窗口,客服不断问你要不要咨询,主治各种男科妇科美容整形疑难杂症绝症,看着看着就特别想交钱给它……"

为什么好医院就可以那么"高冷酷"? 为什么提供更好的服务的优秀医生和医院不能有相应的溢价? 为什么国内的患者在所谓的好医院里常常体验很差,甚至可能要舍弃尊严?

其实,从经济学的角度看,"魏则西之死"及医疗行业的乱象,不是说明医疗行业不能市场化,反而更说明,医疗行业市场化不够。

当然,医疗服务和卖皮鞋有所不同。老百姓穿了几天皮鞋就知道品质,但对于医疗这种高技术和专业化的服务肯定不太懂。与此同时,医疗服务性命攸关。为此,在市场化和更充分竞争的同时,需要相应的患者保护和司法索赔机制。公开资料显示,在美国,一个医疗事故或一个医疗诈骗常会遭遇千万元级的天价索赔。

当市场化不够,大型医院垄断了所有资源,民营医院在竞争中就遭遇到不公平,很难建立自己的牌子,举步维艰。有一些人就开始钻入灰色地带,承包公立医院的诊所,租用公立医院的牌子。租金昂贵,牌子又不是自己的,又有时间期限,人性浊的一面就表现出来了,他们可能就会想尽办法、失去良知、不择手段地赚钱。

在眼下,当医疗行业被过度管制,民营医院被歧视,尤其是司法索赔机制不健全的大背景下,一定程度上讲,部分莆田系或民营医院通过行骗而不是行医赚钱也是被逼的选择,是相关制度缺失、是市场竞争不充分的产物。

其实,政府的主要任务是确保市场公平、公正、自愿,同时要重点防止和杜绝欺诈。为此,与其希望把莆田系等民营医院骂成狗,赶尽杀绝或逼入灰色地带;不如让他们尽可能到阳光下来,给民营资本更公平、公正的机会,以严格的司法及充分的市场化竞争来规范和引导这个市场更健康地运行。同时,此事件也提醒我们,国内医疗产业还很落后和封闭,其未来前景广阔。

为此,封杀莆田系,甚至封杀民营医院及医疗行业中的民营资本,改变不了当前中国医疗产业的窘境。当下,如何通过制度设计,让民营医院有动力济世救民,并使公立医院感受到威胁,让医生的专业技能得到应有的回报,是一个很重要的课题。

希望"魏则西之死"这一个案,能引发各方对国内医疗产业相关制度缺陷的关注、思考和讨论,成为推进科学医改,并造福民众的契机。

# 推进市场化是医改唯一出路

> 如果靠政府配置,讲奉献、讲公益,医疗资源将永远稀缺。其结果是,一般普通患者只能靠红包、靠时间成本换个形式在看病中"买单"。其实,市场化之后,民营资本办医不一定意味着他们只盯着钱。一方面,每个人有付出和奉献的需求;另一方面,医疗是一个特殊的行业,用"羊毛出在牛身上"的互联网思维来说,很多民营企业家办好医院可能不一定为赚钱,而是希望借"济世救民"的声誉和影响力,在其他行业赚钱。比如,当年胡雪岩的胡庆余堂。

当我们为魏则西的逝世感到惋惜时,广东省人民医院口腔科陈仲伟主任医师被患有精神病的凶手砍死之消息让人痛心不已。① 这让我忍不住想再写一下医改话题。

我在新浪财经《意见领袖》上的相关专栏文章发布后,引发了网上激烈的讨论。

显而易见,这篇文章绝不是为骗子洗地,也绝不是认为骗子不应该严惩,而是我为魏则西案被利用来打压民营医院和反市场化感到隐隐的担忧。同时,希望在人们被义愤填膺、排山倒海的批评声淹没时谈一些理性、建议性的东西,探讨骗子泛滥背后的制度和法治缺失。

从另一个角度讲,这些年医患关系矛盾有增无减,说明此前的医改基本上都是失败的。为此,我想借本文呼吁,别用公益、奉献绑架医生的付出,反对市场化,也别用各种评审和审批等管制手段来分享医生的劳动所得,蚕食老百姓的福利。

---

① 新浪网 2016 年 5 月 7 日,《广东被砍伤医生因抢救无效去世》。

当下，市场化医改迫在眉睫，法治建设迫在眉睫。这才是减少老百姓被骗，减少医生被打被砍的治本之道。

## 医疗服务行业到底能不能市场化？

我注意到，在人们激烈的讨论中，一个核心的问题是：医疗服务行业到底能不能市场化？

反对者认为，医者仁心，医生是天使的职业，医药行业应该属于特殊服务或商品，绝不能以营利为目的。如果医生们把金钱放在第一，后果会很严重。

这个观点看似有道理，但是，要知道医生也是人，并不是不食人间烟火。经济学的基本常识告诉我们，专业化分工与合作是人类社会进步的源泉。比如，你是鞋匠，他是医生，你们借助政府的公信力，并以货币为工具开展交易、合作。这与其他交易并无本质不同。

根据经济学的主要创立者亚当·斯密的理论，面包师清早起来做面包，还要把面包做得尽量可口、美观，不是为了怜悯那些早晨上班的人没有早餐吃。

和面包师、鞋匠、司机等其他为民众各种需求服务的职业一样，医生努力工作关键也是为了与他人交换劳动，开展合作。当我们看到，那么多好的进口药和医疗技术都来自境外私营企业时，我们就更清楚救死扶伤和企业营利并不矛盾。这是医疗行业市场化的逻辑基础。

而众所周知，在魏则西案及其引发的对莆田系的讨论中，最核心的问题是，为什么这么多骗子能够得逞？是不是市场化的错？如何避免老百姓再次被骗？

这次事件总让我想起当年温州的纸皮鞋风波。经济学者沈凌先生在《魏则西事件与医改》一文中分析说："好比20世纪80年代温州纸皮鞋。本来就是因为国营商店里买不到皮鞋，才给温州私人皮鞋厂生存的可能性，又因为原材料垄断，私营皮鞋厂买不到或者不能按照同样的价格买到原材料，才逼他们造假去生产。"

这与眼下的医疗行业何其相似。普通医生被打被砍，骗子医生和医院大行其道一个重要原因是,现有的医疗服务市场已经严重跟不上老百姓的需求,"就医难、体验差"现象极其严峻。

需要指出的是,对比当年的皮鞋产业,在当前的医疗产业中,公立医院对各种资源的垄断有过之而无不及。医生是医疗服务中的核心,政府用职称、编制等手段牢牢控制和垄断着医生资源。同时,民营医院还遭遇审批难、评级难、贷款难、用地贵(公立医院用地基本不用钱)等不公平待遇。不难看到,民营医院是在夹缝中生存。

在这样的背景下,如果加上司法索赔机制不健全,骗子行骗没有被及时制止和惩罚,那么医疗行业中被骗和行骗泛滥是必然的。

基于上述逻辑,我在前述专栏文章中指出,"魏则西之死"及医疗行业的乱象,不是说明医疗行业不能市场化,反而更说明,医疗行业市场化不够。

## 市场化后,医疗服务价格未必会变贵

说到医疗行业市场化,人们会有诸多担心。一个担心是,推进市场化后,医疗服务价格是不是会变贵?

首先,需要指出的是,难道你感觉现在看病不贵吗?只是这些钱相当部分没有进入普通医生的口袋。医生们的专业技能和高强度工作可能没有得到应有的回报。

这中间,很重要的一个问题是,行政配置代替市场配置带来的效率低下和资源浪费问题。不借助市场的力量,不用老百姓的口碑,而是以各种政府审批、评级代替,其结果往往是寻租、腐败、特权。

在现有的机制下,公立医院领导及相关医疗部门的官员们掌控了各种配置资源的权力。然后,院长们将手中权力和稀缺资源进行寻租。所以,当普通医生被打被砍的消息不绝于耳时,医药行业的腐败也屡见不鲜。据相关数据统计,2016 年 4 月份,有 25 位医院院长落马。

说得难听一些,对于某一些公立医院的领导而言,医院反正不是自己的,即使不把科室承包出去,也可能会用自己手中的权力做其他损害患者的勾当。而这些权力寻租的买单人是普通患者和医生。这就好比,出租车行业牌照管制、限价等不合理的制度及昂贵的份子钱问题最终是由司机和乘客买单。

为此，我曾经在一篇专栏文章中建议，要强化医生医术的价值，弱化医院及医疗设备的价值。应该允许符合条件的医生开设诊所，同时，允许医院和医生脱钩。

其次，要说明的是，学医是非常辛苦的。一般的本科专业是四年制，学医基本上是五年制，不仅如此，大型医院基本要求硕士。所以，作为一门非常专业的技能，医疗服务理应比一般的其他服务要昂贵许多。要医生讲奉献、讲公益，正如"既要马儿跑又要马儿不吃草"，似乎有些苛求，违背人性。

另外一个问题，人们担心的是，市场化后，医生会不会利用医务工作者稀缺、利用信息不对称、利用人们对健康的迫切要求"坐地起价"，甚至诈骗呢？

对于这个问题，我的想法是：第一，很多稀缺是非市场化下的"人为制造稀缺"。比如，一直以来，出租车稀缺并导致打车难，"专车"出现后，人们发现那是假象，是机制问题。和当年皮鞋、彩电稀缺，及现在的上市公司壳资源稀缺一样，市场化改革后，"人为稀缺"因素会减少。

第二，在市场化下，竞争会更加充分。如果某个医生收费特别高，而其他医生低一些，他可能就被人用脚投票，收不到病人，而口碑好、医术高的医生则享受市场溢价。当不再被各种寻租、特权分成收益，同时医生的好医术和服务可以获得较高溢价时，医生工作的积极性和热情就会激发出来，这肯定会一定程度缓和医患关系。

第三，当医生们没有体制的束缚，允许拿到市场化的报酬后，人们学医的积极性就会提高，医生们可能还会主动早起晚睡加班，甚至国外的医生都争相来国内考执照、行医。医疗服务供给增加，有助于下调价格。否则，如果靠政府配置，"讲奉献"，医疗资源将永远稀缺。其结果是，有关系和资源的，可以靠关系；一般普通患者只能靠红包、靠时间成本换个形式在看病中"买单"。

第四，其实，和普通人一样，医生心中也有爱，有付出和奉献的需求。但是，不管是医院出资方，还是医生自己，自己不想赚钱，与政府管制不允许他赚钱,完全是不同的感受。事实上,市场化之后,民营资本办医不一定意味着他们只盯着钱。医疗是一个特殊的行业,用"羊毛出在牛身上"的互联网思维来说,很多民营企业家办好医院、办大医院可能不一定为赚钱,而是希望借"济世救民"的声誉和影响力,在其他行业赚钱。比如,当年胡雪岩的胡庆余堂。而医生这个职业也是如此。

**核心还是要否"发挥市场在资源配置中的决定性作用"**

事实上,从经济学的角度来讲,由魏则西案引发的医改话题,与发行股票注册制、余额宝风波、专车风波及是否放开二孩等问题的本质是一样的。其核心的问题是由政府来管,还是由市场主体自主决定,即是否相信市场配置更有效率。

2013年11月召开的十八届三中全会明确了一个重大战略:"发挥市场在资源配置中的决定性作用"。同时,此次会议通过的《中共中央关于全面深化改革若干重大问题的决定》也指出,"推进市场化改革,大幅度减少政府对资源的直接配置"。

然而,在市场化改革推进的过程中还是阻力不小。比较明显的是,来自原有资源配置方式的利益相关方的阻力。

不仅如此,普通老百姓也似乎忘记了当年买皮鞋、买彩电要走后门的往事,忘记了上一波市场化及私有经济比例上升带来的中国经济奇迹。很多股民反对注册制,担心壳资源贬值导致股价下跌,担心企业上市欺诈;很多患者则担心市场化后医疗诈骗增多及价格进一步提高。这些担心也成为反市场化思潮,被一些力量利用,成为改革的阻力。

老百姓的担忧也并非全无道理。除了不敢轻信市场"这只看不见的手"力量之外,其实他们隐忧的东西本质上大都是担心法治配套能否跟上。

不可否认,在市场化过程中,不管是保护财产权、严惩欺诈或市场公平问题;还是管住政府伸手干预的冲动,都必须要有法治作为保障。否则,若单独推进市场化改革,注定会有一些麻烦。对此,高层早已经有深刻的认识。在党的十八届四中全会上,《中共中央关于全面推进依法治国若干重大问题的决定》获得通过。

尽管如此,法治配套问题不能成为暂缓市场化或反市场化的借口。政府所能做的就是抓紧法治建设。或者市场化先行,同时在实践过程中,不断地推进法治建设,保障市场化。

当前,中国经济社会又到了一个重要的十字路口,改革也到了一个关键的时点。

沈凌先生在《魏则西事件与医改》一文中说,当年温州纸皮鞋泛滥,但政府并不是关闭所有温州私营鞋企,回归计划经济;而是在杭州市武林广场火烧假皮鞋并进一步开放行业的准入,让国有、私营企业更公平地竞争。他希望此次的魏则西风波也和当年的武林广场大火一样,成为推进医改的契机,用真正市场化的办法来化解当前医疗行业的问题。

相信沈凌先生的话道出了无数经济学界人士的心声。当然,所谓知易行难,在医改中,医疗领域有很多特点和复杂因素,在市场化过程中,具体问题尚需深入讨论和推敲。而本文只为抛砖引玉。

# 从阿里的成功看国企民营化

国家治理和企业治理有诸多相通之处,若把国家和天猫平台做对比,再去聊"国有企业作用"的话题,我们自然就想到这样一个问题:阿里巴巴及旗下天猫是否有必要自己在天猫上多开些店,以确保对天猫的掌控?

根据目前中央已经明确的改革目标和方向,预计国企改革将成为重点议题。

一直以来,伴随着国企改革推进,关于"竞争性国企民营化"的议题,引发很多争议和讨论。对此,我个人坚定地支持推进竞争性国企民营化。因为这是打破垄断、促进公平、发挥市场在资源配置中的决定性作用的必经之路。

关于"竞争性国企民营化"的议题,首先要明确,国家为何需要控股这么多国有企业? 有人可能会说,是为了更好地掌控国家经济命脉。

因国家治理和企业治理有诸多相通之处,所以,讨论上述话题之前,我们先从眼下国内最火的企业——阿里巴巴谈起。

## 天猫需自己开店,以确保控制权吗?

阿里巴巴旗下有很多电商平台,天猫是其中一家。

据公开资料显示,除了广告收入,天猫的赢利模式主要有两个:一是向该平台上的商家收技术年费;二是按交易额向该平台上的商家收一定比例的服务费。

这个赢利模式其实并不新,比如百货业也普遍采取这个模式,即"年费+提点"。

事实上,你可能已经想到,国家的治理和经营也类似于上述模式,而其主要的收入来自于企业因商务活动而产生的税收。

因此,若把国家和上述天猫平台做对比,再去聊"国有企业作用"的话题,我们自然就想到这样一个问题:阿里巴巴及旗下天猫是否有必要自己在天猫上多开些店,以确保对天猫的掌控?

显而易见,这种担心是多余的。目前,阿里已经上市,尽管阿里在天猫平台上几乎一个店都没有(即使天猫超市,其也是一个开放性的子平台),但天猫的收益源源不断进入阿里巴巴股东们的口袋。

据阿里巴巴 2015 年的第三季度财报,天猫平台的交易额为 1758.34 亿元,同比增长 77.8%。与此相对应的是,很多企业也在天猫上赚得盆满钵满。仅在 2015 年"双 11"当天,不少企业一天的营业额就超亿元,甚至超十亿元。

但是,阿里巴巴创始人马云还是没有心动(自己去开网店)。作为平台,阿里巴巴及其旗下平台的中心任务不是自己开店,而是维护交易各方的合法权益,确保公平竞争,以吸引更多的顾客和商家。

基于上述逻辑,在 2015 年 10 月的世界互联网大会上,马云语出惊人地说:"阿里巴巴要培养更多'京东',让这样的公司挣钱。"这是因为,对于阿里巴巴而言,若能培养出更多优秀的电商,也意味着其旗下的平台更有吸引力,将为阿里股东赚到更多的钱。

当然,阿里巴巴毕竟还是一个企业。与其不同,国家不是以营利为目的。那么,作为政府,更应该有平台意识,"有所为,有所不为"。为此,我们应该反思,是否真有必要控股那么多国有企业?

如果把民众看作国家的"股东们",事实上,我们只需要通过一定的制度安排,确保国家的政策及收支是为了全体民众的利益即可。

与天猫无需在自己平台上开店一样,我看不出,竞争性国有企业的多寡,最终会影响甚至威胁到"股东们"的利益。

至于在竞争性行业之外,有一些非营利性的产业和领域,比如公共服务、基础科学、军事技术,需要一些公益性国有企业,那又另当别论。

### 民营企业遭遇不公,影响经济活力

说到这里,有些人可能会说,国有企业的资产属于全民所有,多一些国有企业,多赚一些钱分给民众不好吗? 对此,我认为,在竞争性行业,国有企业所带来的负面影响太多,因此,即使国企给民众带来了一些利润收入,也是"捡了芝麻丢了西瓜"。

首先,由于大量国企的存在,民营企业在各个方面遭遇不公平竞争。平日里,我们会看到,国有企业在人才招聘、银行放贷等诸多方面有优势。甚至在很长时间里,对于公有财产权的保护力度要远大于私有财产权。这些问题必然会影响到民营经济的活力,影响到经济发展。

其次,容易导致垄断,阻碍竞争,影响到资源配置的效率。

目前,国内尚有许多垄断性国企。根据基本的经济学常识,垄断意味着市场力量可能被滥用,企业可以从消费者身上榨取"超额利润"。

以汽油价格为例,在 2008 年 7 月,国际油价突破 145 美元/桶。当时,97 号油 6.32 元/升、93 号油 5.97 元/升。而当国际油价仅 65 美元左右/桶,国内 97 号油却仍高达 7 元/升。即使考虑到每升汽油包含 1.12 元的消费税,相对国际油价的变化,现在的汽油价还是高得让人无语。我想,这只有用垄断能够解释。

当前,改革正在推进。根据党的十八届三中全会上通过的《中共中央关于全面深化改革若干重大问题的决定》,未来的改革方向已经明确,即要保证各种所有制经济依法平等使用生产要素、公开公平公正参与市场竞争;加快形成企业自主经营、公平竞争,消费者自由选择、自主消费,商品和要素自由流动、平等交换的现代市场体系,着力清除市场壁垒,提高资源配置效率和公平性。

但是,根据上述分析,若不减少竞争性国有企业的数量,打破国企的垄断,当前的改革将遇到诸多障碍,很难切实有效地推进。

### 国有企业的治理结构有天然缺陷

除了影响经济活力外,国有企业的治理结构有天然的缺陷。

尽管国有企业的资产属于全民所有,但是,每个公民的权益,只是间接的,不是直接的。与此相对应的是,国企领导们其实是官员,他们只需要获得上级领导的认可,而其上级领导也只是民众"代理人"的角色。其带来的问题是,对国企领导很难实施有效监督和激励机制,国企的效率和活力普遍都不如民营企业。

对于上述治理结构的缺陷,在国企新一轮改革中,有学者寄希望于"混合所有制"来改善。不过,说实话,或者是我对"混合所有制"理解和认识不够,对于"混合所有制"的效果,我尚有很大的疑虑。

其实,在目前的 A 股市场中,很多国有控股的上市公司,既有国有控股,又有外资及中小投资者参股,就是典型的"混合所有制"。

2014 年 7 月,交通银行被传正在推进混合所有制改革。值得玩味的是,交通银行随后发布公告称,交行作为上市公司,已形成了国有资本、社会资本和海外资本共同参与的股权结构,具备了混合所有制经济的基本特征。

尽管交通银行在公告中同时表示,正在积极研究深化混合所有制改革、完善公司内部治理机制的可行方案,但我实在看不到"深化"所能带来的巨大变化。

事实上,从 A 股这些年的表现来看,在"混合所有制"的股权结构下,中小股东并没有话语权,国有企业治理结构的缺陷依然不能得到根本性的改善。

# 明确权力的边界与"打老虎"

打老虎是普通老百姓对当前改革最直观的感受。不过,打老虎其实只是拉开改革的序幕。"明确权力的边界"才是本轮改革的核心,也将是成败的关键。如果没有科学的制度设计和安排来"明确权力的边界",那么,"市场决定资源配置"只是空谈。

据财新网报道,国家能源局煤炭司原副司长魏鹏远被有关部门带走调查。① 该报道提及,魏被带走时,家中发现上亿现金,执法人员从北京一家银行的分行调去 16 台点钞机清点,当场烧坏了 4 台。

一段时间来,不断有高级官员因为贪腐、违纪等被法办的消息,俗称"打老虎"。对此,各界拍手称快。这也是普通老百姓对当前改革最直观的感受。

不过,打老虎其实只是拉开改革的序幕。

包括防腐在内,分析当前正在推进的各项改革,我们会发现,最后都会指向一个问题,即要"明确权力的边界"。一方面,"明确权力的边界"是"发挥市场在资源配置中的决定性作用"的保障和前提;另一方面,"明确权力的边界"可以从制度上开展反腐,确保经济社会更加公平、公正、开放。

因此,"明确权力的边界"是本轮改革的核心,也将是成败的关键。

不可否认,由于思维惯性、路径依赖、利益驱动等因素,"明确权力的边界"将会面临很大的阻力。但是,改革已没有退路。

---

① 财新网 2014 年 5 月 15 日,《国家能源局煤炭司副司长魏鹏远被带走调查》。

### "明确权力的边界"是从制度上防腐

这段时间,与"打老虎"相对应的是,不少"权贵对商人巧取豪夺""红顶商人攀附贵人发迹"的往事被公之于众。

在这些故事里,人们看到,所有保护商业公平、保护私有财产或公有财产的制度、法律,在这些高级官员及其家人面前,都形同虚设。官员们及其家人的一句话、一个暗示,甚至一个眼神都能量巨大,所向披靡。

或许也是基于这种现状,不少国人缺乏安全感。"这些年我走访了很多狱中的企业家,他们有的是被冤枉的,有的是罪有应得。看到他们,有时候我会想,下一个也许就是自己,会忧虑,毕竟我也是企业家中的一员。"王石先生接受一次访谈时曾经公开表示。

众所周知,公平、公正是市场经济健康运行的基石。权力滥用导致的不公,甚至对私有财产的掠夺,对经济社会的伤害是很大的。

据《中国经营报》报道,中纪委的一位官员私底下表示,从目前查办的反腐败案件来看,腐败呈现"家族化"的特点。

我想,这些现象也不是简单的个人觉悟或品德问题。我们不得不承认,现有的制度和机制缺陷,为政府官员们的滥用职权、腐败提供了温床、土壤。一个很重要的原因是,政府及官员们的权力太大,缺乏约束和监督机制。

说实话,在这样的土壤里,若不从制度上进行改革,今天 A 家、B 家倒下了,明天可能又有 C 家、D 家出现。

由此分析,放松管制、约束权力,"明确权力的边界"要重于反腐,也是从制度上开展反腐。


### 仅仅权力清单还不够

谈到"明确权力的边界",很多人可能会想到权力清单。

"权力清单"指明晰每个单位、每个职位的权责。若在足球赛场上,其相当于,划定足球赛场的边界。

公开信息显示,这段时间,各级政府都在晒权力清单。政府晒权力清单,当然是好事情。不过,仅仅亮出权力清单肯定还不够。

好比在足球赛场上,若运动员出界,没有及时得到监督和处罚。那么,这个边界可以说是形同虚设。所以,只有受到监督和约束的权力清单,才是真的给权力划定了边界。

值得一提的是,除了"权力清单"这种有形的边界,权力还有很多无法用"清单"表述的无形边界。比如,足球赛场上的越位,越的就不是某一条线。

和足球赛场一样,很多时候,政府及其官员权力的"越位"也是无形的。为此,要通过制度设计,把政府和官员的权力放到阳光下运行。就像足球比赛,除了裁判,还有观众的眼睛盯着,还有摄像机直播。

### "明确权力的边界"是"市场决定资源配置"的前提

除了从制度上开展反腐,确保经济社会更加公平、公正之外,"明确权力的边界"另一个重要的意义是,为"市场决定资源配置"保驾护航。

这些年,中国经济高速增长,取得了巨大成就。不过,在很长时间里,由于政府过多的越俎代庖,导致了中国经济社会长期处于一个高成本运作的状态。与此对应的是,中国经济的高增长严重依赖投资拉动的经济发展模式。

在此背景下,2013 年 11 月召开的十八届三中全会明确了一个重大战略:"发挥市场在资源配置中的决定性作用",其也被称为最大的亮点。

不过,在当前复杂的经济背景下,"市场决定资源配置"的阻力真的不小。即使不是因为利益驱动,长期的思维惯性及路径依赖等因素也会让政府及官员们产生干预市场的冲动。

比如,2014 年 5 月 13 日,央行网站公布了一份会议纪要,要求及时审批和发放符合条件的个人住房贷款。

作为金融上市公司,银行对风险和盈利有自己的考量,即使初衷是好的,央行出手干预其自主经营应该不妥,至少违背了"让市场决定资源配置"的原则和精神。

当然,这类事情也给了我们一个重要启示,即"明确权力的边界"是"市场决定资源配置"的保障和前提。如果没有科学的制度设计和安排来"明确权力的边界",那么,"市场决定资源配置"只是空谈。

# 反腐与经济的关系

> 过度管制（意味着巨大的权力），又不允许腐败，可能不太现实。从经济学的角度分析，在现有的过度管制和权力缺乏有效监督的体制下，腐败有助于提高官员的服务效率和经济自由度。尽管如此，任由腐败横行，对经济社会的伤害是很大的。所以，反腐是必然选择，也是大势所趋，而重点是让官员从"不敢腐"到"不能腐"。

2014 年 7 月 29 日，新华社发布消息，中共中央决定对周永康严重违纪问题立案审查。这是改革开放以来首位前政治局常委落马。

一时间，与周案相关的那些"仙及鸡犬""嚣张跋扈"的往事充斥各大网站和报纸头条。

不过，相比之下，各网站和报纸同期公布的一条短讯"中共中央决定召开十八届四中全会"更让我期待和关注。据该消息，"研究全面推进依法治国重大问题"是十八届四中全会的主要议程之一。

我想，两条消息同时公布，应该不是巧合。

## 反腐与经济的关系

一段时间以来，不断有高级官员因为贪腐、违纪被法办的消息公布。反腐高压态势对腐败产生巨大的威慑力。

不过，与此同时，关于反腐是否影响经济的争议和讨论也日益激烈。

不可否认，反腐确实会对当前经济造成一定影响。一方面，分析眼下的钱权交易，有些时候，一些商人给官员送钱，只是让官员把本该做的服务做好，更有效率，甚至只是为了获得一些安全感。说实话，这阵子，我听到多个商人抱怨说官员"既不收钱，也不办事"，行政效率严重下降，企业办事变难。另一方面,在过度管制的体制下,很多本来可以干的事情,政府不让干,为此商人只好送礼。

由此看,过度管制(意味着巨大的权力),又不允许腐败,可能不太现实。从经济学的角度分析,在现有的过度管制和权力缺乏有效监督的体制下,腐败有助于提高官员的服务效率和经济自由度。

此外,众所周知,反腐还直接影响到消费,其中的道理不言自明。

但问题是,任由腐败横行,对经济社会的伤害是很大的。所谓,"不患寡而患不均",公平、公正及对私有产权的保护是市场经济健康运行的基石。腐败官员们权力滥用导致的不公,让商人们很没有安全感,严重影响到经济活力,这已经影响到中国经济的可持续性。

事实上,任何事情都有利弊。不仅仅是反腐,挤房产泡沫,甚至扫毒、抓小偷、抓强盗也影响消费,影响经济。但我们应该分清楚孰是孰非、分清楚孰轻孰重。在我看来,滥用职权、巧取豪夺的贪官比小偷、强盗更可恨,对社会经济的负面影响也更大。

反腐的过程好比是"戒毒"。这个过程肯定会带来一些不适,但毋庸置疑,这个"毒"必须要戒。当然,更重要的是要防止"复吸"。

因此,反腐本身肯定没问题,关键是,取得除了打击腐败本身所形成的威慑效应外,还应该要从制度上开展反腐,让官员们不但不敢腐,而且不能腐。核心的逻辑是,明确权力的边界,通过制度安排让"利己需要先利百姓,先利社会"的机制在官场生根发芽。

## 明确权力的边界只能靠法治

再深入分析,我们会发现,反腐最终还是有赖于法治的力量。

我们知道,权力的边界主要可以分为两个方面:一是给政府权力划界。简单地说,就是要放松管制,要取消各种审批,降低各种准入门槛,把配置资源的权力尽可能还给市场。

二是,在划界的基础上,还要约束权力,防止权力滥用。这是因为,政府的权力最终将落到个人的身上,为此,对权力的约束不能靠个人的觉悟或自觉,而是需要机制和制度的制约。

目前来看,约束权力比简单地划分边界要难得多。

历史经验告诉我们,仅仅自上而下监督是不够的。要想让官员的权力,特别是高级官员的权力得到有效约束和监督,管理层还应该通过推进民主政治及"权力阳光化"来实现自下而上监督,同时,形成不同权力部门之间的制衡。这都需要依靠法治。

另外,明确权力边界的过程,其实就是市场化改革,由"市长经济"转向"市场经济"。而这个转换也必然对配套法治环境提出更高的要求。

据此分析,推进法治是从根本上开展反腐,也是深化改革的必然选择。

# 很多既得利益者其实是受害者

> 对于一个经济社会而言,改革并不是仅仅重新划分蛋糕。当前,推动有效的改革可以释放新的活力,降低社会的整体运行成本,实现社会资源配置效率的帕累托递进,使社会整体获益。通俗地讲就是,原来只有一个蛋糕可以分;改革推进后,有两个蛋糕可以拿出来分。比如,在上一轮改革开放中,我们绝大多数人获得了不同程度的好处和利益。

对于当前的 A 股市场,我曾在新浪财经《意见领袖》上的一篇专栏文章中写道:"在这个被扭曲的市场中,中小投资者大多为输家。上市公司股东、庄家、手握发审重权的官员、投机高手总是赢家,他们是既得利益者。"

有意思的是,几天前,两个朋友(私募基金人士)聊起这个话题。一个朋友说:"这几年,我们在 A 股中都赚了不少钱。我们算是当前 A 股的既得利益者。"不过,另一个朋友立刻反驳:"我们只是迫不得已地去适应这个被扭曲的市场。我们并不算既得利益者。如果这个市场更规范和健康,资本市场获得大发展,说不定,凭借我们的研究能力及现有的付出,原本可以赚到更多的钱。"

他们两位的交流让我很想聊聊"既得利益者阻力"的话题。

### "体制内的普通职工"是既得利益者?

"要小心'既得利益集团'阻挠改革。"知名经济学家吴敬琏曾谈道。

那么,在当前经济社会中,谁是既得利益者?对此,《人民论坛》问卷调查中心曾经在人民论坛网、新浪网等多家网站推出问卷调查。调查显示，"具有资源垄断特点的国有企业中的部分中高层管理者""党政机关内一些具有实权的官员""通过占有资源等发家的部分企业家，如房产商、煤老板等"，是公众眼中的前三大既得利益者。

然而，很多时候，公众眼中的既得利益者还不止这些。他们大多认为"体制内普通职工"也是既得利益者，比如垄断国企的职工、基层普通公务员、银行职员、医生、教师、记者等。

事实上，不止是公众，在上述群体当中，不少人也给自己贴上了"既得利益者"的标签。在平日的接触和交流当中，不少身为"体制内的普通职工"的朋友也坦言，自己是既得利益者。尽管他们常会补充说，"有人吃肉，我们只是喝汤。"

这应该存在一定误区。

所谓"有得必有失"，若当前改革遇阻，任由寻租、官倒、垄断、不公等横行，很多人其实既有"既得利益"，同时也身"受其害"。

比如，对于家中搜出上亿元现金、烧坏 4 台点钞机的国家能源局煤炭司原副司长魏鹏远来讲，他在非法获取这么多钱的同时，肯定也感受到极大不安和焦虑。同时，权力大常常意味着应酬多及劳累、繁忙的公务。

当然，由于他"所得到的远比失去的多"，他显然属于真正的既得利益群体。只是，他最后被抓了，所以，不小心成为受害者。

而对于普通的"体制内职工"，尽管有稳定的收入及养老、医疗、住房等福利，甚至过年过节还有人送礼，但是，稳定的体制内工作可能禁锢他们的创造力和上进心，使他们的能力、抱负没有充分发挥和施展的空间及舞台。

由此可以看出，和上文的那位私募朋友一样，不少"体制内职工"只是误认为自己是既得利益者，但其实也可能是现有体制的受害者。

## 改革并不是简单地重新划分蛋糕

对于一个经济社会而言，改革并不是"零和游戏"，并不是仅仅重新划分蛋糕。当前，推进民主、法治，推进"市场在资源配置中的决定性作用"等改革可以释放新的活力，降低社会的整体运行成本，实现社会资源配置效率的帕累托递进，使社会整体获益。

通俗地讲就是，原来只有一个蛋糕可以分；改革推进后，有两个蛋糕可以拿出来分。比如，在上一轮改革开放中，我们绝大多数人获得了不同程度的好处和利益。

所以，要想弄清自己是"体制的既得利益者，还是受害者"，要把所得所失及改革带来的福利拿出来做一个认真的对比。

从这个角度来讲，一些人即便是位高权贵，也不一定是既得利益者，他们顶多是"被动"地成为所谓的既得利益者。

根据马斯洛的需求理论，人的需求结构分五个层次。其中，"自我实现需要"是远比"生理、物质需要"更高层次的需求。所以，越是位高权贵，应该会将"自我实现需要"看得越重。

当他们把个人价值、使命、抱负看作是比个人物质私利更重要的利益时，那么，他们也是改革受阻的受害者。同时，他们占据相对强势地位，掌握资源和主动权，若愿意挥刀自宫，将可成为改革推进的最重要力量。

回顾中西方历史，为了个人抱负和民众的福祉，舍生取义，愿意牺牲自己私利来推进改革的当权者不胜枚举。比如，美国第一任总统华盛顿当年自愿摒弃终身总统，被广为称颂。

另外，值得一提的是，在上述前三大既得利益者群体中，很多人只是收取合法既得利益。考虑到改革对经济社会的正面意义和影响，他们愿意支持改革。即使有一些人不主动去推进和支持改革，但他们也不会阻碍改革。

由此分析，所谓阻碍改革的既得利益者只是掌握权力和资源且利欲熏心的一小群权贵，不代表社会大多数。

因此，对于当前的各项改革，我们要有信心和信念。来自既得利益者的阻力没有想象的那么大，很可能只是被过度渲染了。

# 电话诈骗多发折射民众缺安全感

> 随着经济社会的发展,民众安全感缺失的弊端正日益显现。最直观的后果是,民众的不安全感被利用,导致电话诈骗等各种诈骗高发。同时,缺乏安全感带来了焦虑情绪,且易让人急功近利,这又导致了人们的投机、浮躁心态。这些心态影响了企业和个人的职业精神,禁锢了人们的创新思维,压抑了个人的灵感和好奇心,会使整个社会的科技创新动力减弱。

不知道从什么时候起,当你走进银行,就会看到各种"预防电话诈骗"的提示。若是在晚上,一些自助银行甚至还放起循环广播。

即便如此,电话诈骗还是时有发生,案件数量居高不下。据公安部统计,2013 年电话诈骗发案 30 万余起,群众损失 100 多亿元。

这些诈骗案件的形式和过程都非常相似:找个理由,打进电话→"执法人员"在那头威严地告诉你,涉嫌某某犯罪活动→帮你洗脱嫌疑,让你把钱汇到"安全账户"。

说起这些,很多人都会觉得很搞笑,甚至可能感觉那些受骗的人需要"补脑"。但是,每年有那么多人接到"检察官""警察"的恐吓电话后就慌了神,并急着汇款,劝也劝不回头。这还是要引起我们的反思。

一定程度上,其原因可以解读为,面对公检法执法人员,老百姓底气不足,感觉自己是弱势群体,缺乏安全感。而深层次的原因是,在现实的司法和执法实践中,公检法执法人员的权力缺乏有效监督和约束。滥用职权,违规执法,运动式、随意式执法现象偶有发生。

比如,有媒体曾报道,安徽亳州商人与安徽省某人大代表发生商业纠纷,后因多次向该人大代表拨打电话、发送短信,被当地公安局拘留 5 天。

在平日里,这种现象并不罕见,这也暴露了一些制度问题。

这些现象和问题造成一些老百姓有一种错觉:警察、检察官等执法人员们找个理由便可"为所欲为"。

另外,在经济社会转型阶段,不排除有一些商人在激烈的市场竞争中,为了企业生存和商业利益最大化,走在法律风险的边缘,游走在灰色地带。加之,我们在私有产权保护方面曾经走过一些弯路,这又进一步加重了这个群体的不安全感。

值得一提的是,民众缺乏安全感对经济社会并不完全是坏事情,可以说是有利有弊。

好处就是,不安全感可以激发很多民众不断地努力和进取。人们希望通过不懈的努力获得成绩和社会认同感;通过成功,获得相对的安全感。这样一来,每个人的努力会形成经济社会发展的合力。此外,某种程度上,民众"畏权"心理也方便了执法人员的执法,短期来看,这有助于社会的稳定。

不过,需要指出的是,随着经济社会的发展,民众安全感缺失的弊端正日益显现。最直观的后果是,民众的不安全感被利用,导致上文提到的电话诈骗等各种诈骗高发。还有一些人为了成功而急功近利,甚至不择手段,走上犯罪道路。这导致了警力不足,警察工作负荷不断加大。长期来看,给社会稳定埋下不安定因素。

同时,缺乏安全感会带来焦虑情绪,这又导致了人们的投机、浮躁心态。这些心态影响了企业和个人的职业精神(Professional Dedication),禁锢了人们的创新思维,压抑了个人的灵感和好奇心,使整个社会的科技创新动力减弱,企业活力也受到影响。

事实上,电话诈骗高发只是洞察当前经济社会的一个视角。在当前,很多社会经济现象都与民众缺乏安全感有关。比如,在求职方面,近年来的公务员热。

很多时候,家长让孩子考公务员,不一定是希望他当大官,只是希望他有一份稳定的保障,减少不安全感。不过,这样的导向和思维模式显然是社会经济发展和前进的绊脚石。

　　由此看到，提高民众的安全感已经迫在眉睫。而治理这一问题，最后归根到底需要依靠法治，及其对公权力的约束。

　　而根据诺贝尔经济学奖得主哈耶克在《通往奴役之路》一书中表达的观点，法治的含义不是政府以法律来治理社会，而首先是明确权力的边界，确保政府的权力在法律约束之下。

# 电信资费松绑为何难惠及百姓？

> 打破垄断的前提是给消费者"自由充分的选择权"。仅放松电信资费的管制，若没有"携号转网"等政策支持用户的"选择权"，并不能打破这个行业的垄断，民众由此获得的实惠也非常有限。

工信部与国家发改委发布《关于电信业务资费实行市场调节价的通告》，决定放开各类电信业务资费，给予电信企业全面灵活的自主定价权。[①]

工信部通信发展司有关负责人解读《通告》称，希望以此通过进一步鼓励市场竞争来推动电信业务资费水平下降，充分发挥市场"无形的手"对资费的调控作用，全面提高电信市场经济运行效率。

对此，我们首先为政府放开对电信业务资费的管制叫好。不过，民众很快也会发现此次资费松绑对减少自己的移动通信支出收效有限。

**充分竞争的前提是"充分的选择权"**

根据经济学理论，有效竞争不够充分的行业或市场，容易形成寡头垄断，企业可以从消费者那边榨取垄断利润。所以，有效竞争越充分，消费者越受益。

此次电信资费松绑难以惠及百姓的原因，当然不是一些所谓的"专家"说的，这个行业已经竞争相对充分。而是因为，还有一些推动电信业有效竞争的政策尚未实施，"携号转网"就是其中重要一项。

众所周知，除了自由定价等因素，市场充分竞争还有一个重要的前

---

① 新浪科技 2014 年 5 月 9 日，《两部委：放开电信业务资费 企业可自主定价》。

41

提,就是顾客拥有"自由充分的选择权",可以低成本地自由选择和用脚投票。

作为电信业最为重要的部分,在国内移动通信领域,目前有多家运营商,比如移动、联通、电信等,分别有各自的号码段。

"携号转网"是指手机用户无须改变自己的手机号码,就能更换成为另一家运营商的用户,并享受其提供的各种服务。当前,在不实行"携号转网"政策的情况下,手机用户若要更换运营商,必须先要换号码,这将给想换运营商的用户带来极大的不便,比如需要发一大堆短信告知亲朋好友。

因此,若不推行"携号转网"业务,手机用户的"自由选择权"必然受到很多限制。在此背景下,即使价格管制已经放开,但在移动通信行业仍然难以形成有效的竞争。由于移动通信行业在整个电信业中占据了最重要的比重,因此,此次电信价格管制放开,给老百姓带来的实惠非常有限。

值得一提的是,"自由充分的选择权"的逻辑也可以用在市场经济社会的方方面面。

打个比方,朋友在上海某小区有个房子,但其物业不太好。按理说,业主可以以"考虑更换物业公司"来给物业施加压力,促使其提升服务,或降低物业费。但若有"霸王条款"说,物业不能换,你可以考虑在别处再买一套房子。你说,即使其可以自由定价,这个物业公司会提升服务,或降低物业费吗?

### 让民众多获得一些改革带来的实惠

2013年11月召开的十八届三中全会的新政明确,进一步破除各种形式的行政垄断;完善主要由市场决定价格的机制,推进电力、交通、电信等领域价格改革。

此次放开管制,也正是贯彻和落实上述精神。

不过,通过上述分析得出,仅放松电信资费的管制,若没有"携号转网"等政策来支持用户的"自由充分的选择权",并不能打破这个行业的垄断,民众由此获得的实惠也非常有限。

公开信息显示，目前世界上已有新加坡、美国、韩国等 60 多个国家和地区实施"携号转网"制度。在国内，"携号转网"的呼声一直挺高，但除了开展一些试点外，国内的"携号转网"进展缓慢。在一些已经试点的省份，运营商也通过各种手段和门槛来阻碍用户"携号转网"。对此，我们只能理解为，是否有"既得利益集团"在阻挠改革。

事实上，缺乏有效、充分的竞争，对于该产业发展十分不利。这会让运营商产生惰性，减弱运营商提高效率和创新的动力。试想，若目前国内电信业，仍像当年一样只有中国电信一家，电信行业会有今日的发展吗？

当然，我们更愿意把此次放开资费管制，看作是电信行业打破垄断的一个开始，看作经济改革继续向前的一个信号。

同时，也希望有更多的垄断行业，比如汽油、电力、铁路等行业能尽快打破垄断，以竞争倒逼企业提升效率，以此减少老百姓的生活成本，增加可支配收入，提振内需。

我想，当民众不断获得改革带来的实惠时，便能更好地感受到改革的决心和诚意。相应地，当前正在进行的改革也将获得更多的支持和拥护。

# 全面放开二孩是一次市场化改革

> 全面放开二孩可以被理解为又一个"计划",也可以认为是终结"计划生育"的过渡政策,我更倾向于后者。为此,我更愿意认为,全面放开二孩同时也是放松管制,是管理模式和方式的转变,是一次市场化改革。

"全面实施一对夫妇可生育两个孩子政策,积极开展应对人口老龄化行动",这一重大决定被宣布。[①] 显而易见,这是一个有划时代意义的动作,它意味着已实施35年的独生子女政策终结。

网上有很多文章从人口危机、消费红利及投资机会等角度来分析这一新政。其实,全面放开二孩背后的市场经济逻辑也很值得思考和探讨。

众所周知,独生子女政策的初衷和逻辑应该是:资源有限,为生存和发展,政府要对人口数量进行控制。但是,这里面有一个问题:人口和生育是否需要政府去"计划",去操心? 事实上,在市场经济条件下,一个家庭会根据自己的家庭情况进行决策,自主调节和控制生育。"大家算一算,今天养一个孩子的成本是多少? 惊人的数字吧。看到孩子是用百元大钞堆高的,让你多生恐怕你也不会多生了。"知名经济学家谢作诗教授在一篇文章《市场经济不需要计划生育》里分析说。

那么,如何解释中国历史上的几次生育高峰呢? 我认为,一方面是当时缺乏科学的避孕手段;另一方面,与华人"多子多福"的传统观念有关。此外,也与特殊时期的一些政策和背景有关。"回想传统计划经济时代,你生孩子大家养。那时候,吃的是大锅饭;上学、就医基本上不要钱。那

---

① 新华网2015年10月30日,《35年独生子女政策正式终结》。

种情况下，人们一定要多生的。"谢作诗教授的分析一针见血。

根据上述逻辑，除了计划生育政策，这些年，家庭自身的生育意愿在人口控制方面也起到了决定性的作用。因为前者只是控制了体制内人群的生育意愿，其涉及工作或升迁。而对于非体制内人群，如果想要生二胎，罚款等手段作用相对有限。

所以，我们看到，单独二孩放开后，生育增长情况低于预期。而同样在华人世界里，不管是香港，还是新加坡，民众眼下的生育意愿并不高。这当中，就延伸出了一个经典的经济学议题：选择"计划"还是选择"市场"？前者的思维是，很多事情需要政府去计划、去分配和控制；但"市场经济"的思维更倾向于，个体是理性的经济人，会自己调节，并形成动态均衡。

很多事情的逻辑是一样的。近段时间来，随着改革的推进，"计划"和"市场"两种思维及相应的配置手段一直在做激烈的斗争。比如互联网专车，说到这个新事物，不少官员马上有顾虑，若任其发展，满大街都是专车，会造成堵塞交通；比如说股票发行注册制，不少人会担心那么多企业上市，股票没人买；比如说降低新三板投资门槛，有人会担心，让普通老百姓入场万一亏钱如何是好？

事实上，问题没有那么复杂。某种意义上讲，互联网减少了信息不对称，其实专车就是能及时"避孕"的工具。有了这个工具，运力问题市场自己会调节，如果车子跑在街上一天到晚没有顾客，专车企业们会自动减少车辆，甚至选择关门；至于注册制，如果股票上市卖不出好价格，就不会有那么多企业争先恐后上市卖股票，届时，只有相对有前景的企业才获得资金的青睐，从而使资金优化配置；另外，在新三板老亏钱的人自己会选择逐渐退出那个市场，交给会投资会选股的人打理。

至于监管的作用，其本质一般不是直接去配置资源，而是确保交易的公正、公平，同时确保监管本身的低成本。现在回想起来，先不谈人口数量被控制的必要性，这种人口管理方式本身的弊端确实是存在的。一是"计划"人口需要大量的计生工作人员，这就意味着每年巨额的财政支出，增加企业的负担。二是社会抚养费缺乏统一标准，地方计生干部有很大的决定权,这自然出现寻租空间。我随机问了几个超生的亲友,都坦言在交超生抚养费时"找过关系"。三是导致选择性生育,造成男女比例失调。据说,国内男女数量相差 3000 万,其后遗症终将显现。四是导致不公。是不是独生子女,不是个人自己所能决定的。为何有不同的生育权?

庆幸的是,和其他形式的"计划"不同,这项政策不存在名额和指标限制,否则还可能导致人与人之间对抗意识被不断强化,引发过多的没有价值的争夺和内耗。

所以,作为配置手段,"市场"会更受欢迎。值得一提的是,2014 年 3 月,我发过一篇专栏文章《全面放开二孩有利于中国经济》。我印象中,在我的专栏文章中,这篇文章的点赞数量是最多的。我想,或许不一定是因为人们太想生,而是因为人们不喜欢被"计划",希望有选择权。

目前,中国的市场化、法制化改革已经走到一个关键的时刻。全面放开二孩可以被理解为又一个"计划",也可以认为是终结"计划生育"的过渡政策,我更倾向于后者。为此,如果认为全面二孩是人口危机,是刺激需求和拉动经济需要而做出的选择,我认为可能太狭隘。我更愿意认为,这同时也是放松管制,是管理模式和方式的转变,是一次市场化改革。

# 为何注册制改革比放开二孩难？

注册制改革比放开二孩难，表面上是复杂的利益纠葛，但深层次的原因是因为人性。很多时候，改革的难处在于，阻力不仅仅来自既得利益者集团，还可能来自受害者。因为相比未来不确定的好处，人们可能会更喜欢手头已经明确的微小利益。这其实是人性的一部分，即讨厌变化，讨厌未知及不确定。

2016 年初，注册制改革暂缓，[①]引发了我对改革的思考。

这两三年，注册制改革、全面放开二孩、互联网专车等一直都是国内最热门的谈资。从经济学的视角来看，三者虽分属不同领域，但方向和实质其实是一样的，即放松管制，减少前置审批，推进市场化。比如，注册制是企业能否上市不需证监会监管，由市场需求决定；全面二孩是生二孩不需要计生部门批准，由家庭自己决策；专车是开"出租车"不需要运管部门批准，一有需求，私家车就可以变成专车。三者可能都会让相关监管部门有点失落。

从目前进展来看，全面二孩已经放开，政府对私家车变成专车也有所松动。但唯独曾列入 2015 年政府工作报告的发行注册制遥遥无期。这让人们不得不思考，为什么注册制改革这么难？为什么反对声音那么多？

对于注册制，很多投资者担心的是，什么公司都可以上市圈钱。这是一个误区。不管是注册制，还是核准制，门槛要求是一样的。两者的区别主要是，核准制是监管层筛选"谁可以上市"，注册制则由市场做筛选，监管层对符合上市标准的企业没有上市否决权。上市好比卖股权，如果没

---

① 央广网 2016 年 3 月 12 日，《注册制改革不能单兵突进》。

有人买,也就无法上市。

目前,一个备受推崇的反对注册制的声音是:"如果企业信息披露造假呢,所以,先要有配套法治,注册制才能施行。"不可否认信息披露是关键问题,不过,这不能成为注册制暂缓的借口,要知道注册制绝不是指对造假和欺诈视而不见。

事实上,正是因目前的市场存在欺诈和不公才更要推行注册制。因为政府的监管力量是有限的,必须要有所取舍、有所侧重,要把监管层的工作重心转向信息披露和市场公平,而不是越俎代庖为投资者筛选谁可以上市,然后"批、批、批"。

至于法治不完善等因素也不应该成为借口。在 2013 年 11 月召开的十八届三中全会上,中央已经明确要推进注册制改革。若法治不完善的话,你应该去抓紧完善,比如实行集团诉讼机制。毋庸讳言,无论注册制,还是核准制,如果因为法治重大缺陷问题而市场造假泛滥,应该直接关闭或暂停股市。

除了上述理由,也有投资者会说应该先完善退市制度,再推行注册制。但这个想法并不符合经济规律。打个比方,如果专车合法,马路上刚开始可能会满大街专车。但你很快会发现,有一些专车因为接不到生意退出市场,连一些出租车也不干了。否则,在专车出现之前,你要让有牌照且供不应求的出租车放弃牌照或退市,可能吗?即使他坑蒙拐骗或服务很差,顶多可能换个司机。所以,显而易见,不实施注册制,退市制度无法完善。

还有投资者会说,现在市场不景气,等市场好一点再搞注册制。这个借口也不成立。改革进程不应该被市场表现绑架。再说,注册制可能会拉低 A 股的整体估值,所以,相比市场低位,高位推行注册制对市场的冲击会更大。试想,在 4000、5000 点时推行注册制合适吗?

所以,我认为,上述理由很牵强,都是借口。其实,很多投资者或"专家"不欢迎注册制的最根本的原因应该是:因为目前的股票价格是有壳资源溢价的,也就是含有"审批权力"的价值。如果推行注册制,部分股票,特别是中小市值股票的价格会受影响。

这个原因完全可以理解。这就好比,手里持有出租车牌照的人大多会反对完全市场化且无需牌照的专车。为此,或许可以这样解读,注册制改革为何比放开二孩难?因为两种改革之间隔着一个"出租车牌照"。但长远来看,注册制将减少为权力寻租买单,减少波动,强化价值投资,这给中小投资者带来的好处显然要大于其损失。

其实,在任何的制度中,即使因为严重缺陷制度而不公、不合理,每个人还是或多或少都分到蛋糕(或称既得利益)的。只是有的可能是巨大的,有的则微不足道,或付出多而收益少。

也就是说,人人都是原有制度的既得利益者。比如,出租车司机每天工作很辛苦,他每个月可能要交 5000 元的"份子钱",这个制度虽然不合理,但出租车司机还是可以在运营收入中分到收益的。再比如,A 和 B 合伙开公司,却规定利润 99% 归 A,1% 归 B,尽管 B 分到的极少,但在该制度中,他还是可以分到收益。

然而,关键的问题是,改革不是简单地重新分蛋糕,而是做大蛋糕。改革也不是说没有代价和损失,而是通过做大蛋糕,让更多的人"获益比代价要大"。

借此分析,我们会发现,注册制改革比放开二孩难,表面上是复杂的利益纠葛,但深层次的原因是因为人性。很多时候,改革的难处在于,阻力不仅仅来自既得利益者集团,还可能来自受害者。因为相比未来不确定的好处,人们可能会更喜欢手头已经明确的微小利益。这其实是人性的一部分,即讨厌变化、讨厌未知及不确定。

所以,这个过程中,就需要沟通和智慧。

# "东莞式服务"背后的市场经济逻辑

> "东莞式服务"被推崇和认可,原因主要是,其"刻苦钻研"及工作细节中所表现出来的职业精神。其动力的源泉则是,当地色情业竞争激烈,甚至可以说残酷。为此,先不谈色情业的合法性及是否应合法化问题,"东莞式服务"中所体现的经济逻辑,对当前正在进行的经济改革有着重要的启示意义。

东莞色情业被央视曝光了,[①]可以说,这算不上什么新闻。不过,网上却出现很多网友、甚至微博大 V 喊"东莞挺住",使得这次曝光备受关注。

"东莞式服务"被推崇和认可,原因主要是,其"刻苦钻研"及工作细节中所表现出来的职业精神。其动力源泉不是她们喜爱这份职业或是觉悟高,而是因为当地色情业竞争激烈,甚至可以说是残酷。

相比之下,因市场化程度不够、有效竞争不够充分,国内一些行业,特别是铁路、汽油、电力、通信、航空业等垄断行业价格高、服务差,并导致相关产业发展严重滞后。

为此,先不谈色情业的合法性及是否应合法化问题,"东莞式服务"中所体现的经济逻辑,对当前正在进行的经济改革有着重要的启示意义。

## 竞争强度关乎产业发展

说起竞争,与中国工程院马克俭院士的一次交谈,给我留下很深的印象。他告诉我,他研发的"装配整体式空间钢网格盒式结构新体系",在应用于钢结构建筑上时,可以节省 15%～25% 的材料成本,但目前钢结构企

---

① 央视《焦点访谈》2014 年 2 月 9 日,《管不住的"莞式服务"》。

业推广和应用意愿不强。

理论上讲,为了节约成本,企业应该"拼了老命搞研发和创新",并让科研转化为竞争力。不过,我们却看到一个耄耋之年的院士,为了节约国家资源,四处向企业推广自己的研发成果,这让人唏嘘不已。

这一现象背后的原因是什么?我对钢结构产业及技术不懂。但我认为,与市场不够公平、公开,竞争强度不够,有很大的关系。

在国内,竞争强度算高的建筑产业尚且如此,其他产业更令人担忧。现实中,我们看到,一些国企靠垄断过滋润日子,有的企业靠行政手段获得业务;有的企业靠着关系甚至贿赂拿到各种工程或订单。

毋庸置疑,一个产业越封闭,越缺乏有效、充分、公平的竞争,产业发展越滞后。同时,这样的产业会让企业产生惰性,减弱其提高效率和创新的动力。

为此,人们显然更愿意看到的是,在激烈、公平的市场竞争中,企业不顾一切搞创新,提高效率,降低成本,并争先讨好顾客,提供优质的服务。这就是"市场的力量",即用市场这只"看不见的手"实现资源的最优配置。

据媒体报道,东莞最近"风声紧推高小姐价",市场规律确实如此。试想,如果东莞只有一两家色情场所,无论如何也不会出现"东莞式服务"。

**垄断更易导致"剥削"**

另外一个话题是,垄断引发的价格问题。众所周知,垄断的利润来源包括"超额利润和要素低价"。尽管东莞色情业竞争比其他地方充分,但作为一个不合法的产业,也注定其竞争还不够充分。

据媒体报道,东莞涉黄五星级酒店董事长系人大代表。目前尚不清楚,这事与该人大代表是否有关。但以中国目前的社会和法制现状,若没有点社会关系,想投资有点规模的色情场所,绝无可能。

为此,由于该行业有一定的门槛,竞争不充分,色情业也必然出现一定程度的"超额利润和要素低价"。所以,在色情业中,尽管客人可能要付很高的价格,但工作人员拿到的提成应该不高,就是所谓的"性剥削",相当的利润被用于腐败或权力寻租。

一样的逻辑,国内目前有很多垄断行业,不仅与民生息息相关,还涉及广大企业的经营成本。打破垄断、开放市场将可以让"超额利润和要素低价"情况得以削弱,容易让民众快速感受到改革带来的实惠。

每当说到开放市场,促进竞争,不少人可能会联想到"恶性竞争"。其实,"恶性竞争"严格意义上是指企业通过不正当或违法的手段开展竞争。为此,在坚定不移地打破垄断、开放市场的同时,政府务必要重视相配套的法制、法规建设和完善,为企业间公平、公开、公正的竞争,提供良好的经济和市场环境。

值得一提的是,在国内,衣服、皮鞋、玩具等一些产业出现过度竞争,一定程度是因为国内尚有很多产业或领域,并没有对民营资本开放,或民资在其中易遭遇不公正待遇;以致于民资只能在一部分领域或产业做"困兽之斗"。这也进一步说明打破垄断,开放市场,重塑监管,推进自由竞争的重要性。

# 市场化改革的逻辑

> 从经济学的视角来看,法治的核心逻辑其实是另一个层面的权力市场化。如果把一个国家比作企业,那么每个人就是这个国家的"股东"。法治建设,最主要的意义在于,通过一定的制度安排,使职业经理人群体(即政府及其官员)时刻牢记和重视"股东"的利益,一切以民意为重,执政为民,为"股东"的利益最大化而努力。

说到权力市场化,人们首先可能想到的是权力寻租、钱权交易。不过,权力市场化可以有不同的解读。

2013年以来,党的十八届三中全会和四中全会分别通过了《中共中央关于全面深化改革若干重大问题的决定》《中共中央关于全面推进依法治国若干重大问题的决定》,确定了本轮改革的蓝图和战略部署。

前者主要是强化市场的作用,后者则主要是强化法治建设。事实上,若从经济学的视角去解读,两者可谓是一脉相承,都是权力市场化。这也是本轮改革的逻辑。

## 把配置资源的权力交给市场

2013年11月召开的十八届三中全会明确了一个重大战略:"发挥市场在资源配置中的决定性作用。"同时,此次会议通过的《中共中央关于全面深化改革若干重大问题的决定》也提到,"推进市场化改革,大幅度减少政府对资源的直接配置"。

这其中的核心逻辑就是权力市场化。就是说,在改革之前,很多配置资源的权力尚在政府手中。经过市场化改革以后,会把权力还给市场,由市场的力量来决定资源的配置。

以企业上市注册制为例。以前的做法是,需要证监会发审委审批,即由政府在众多申请的企业中进行挑选,由他们来确定哪家企业可以上市。当实行注册制之后,这个权力将被取消或削弱,转而由市场决定。

上市其实就是卖股权。实行注册制后,尽管很多企业都可以上市,也都想要上市,但资金是有限的。最终谁能获得市场的青睐,把股权卖出去,谁就可以成功发行并上市。

这样一来,才能实现市场的优胜劣汰机制,通过强化有效的竞争,使市场这只"看不见的手"发挥作用,从而让有效率和有成长空间的企业获得青睐,拿到发展所需要的资金。

对此,有人可能会有疑虑:取消政府的审批,真的可以吗? 市场这只"看不见的手"可以发挥作用吗?

回答是,没有问题。实践已经证明,很多时候,市场的力量是很强大的。政府配置资源的效率往往不如市场。比如,在垄断国企里,即使政府天天发文件要求国企员工提高效率,服务好市民,但效果不佳。

但是,若在一个充分竞争的市场里,几个企业激烈竞争,最后,消费者自然获益。同时,企业会优胜劣汰,有效率、能满足消费者需求的企业将获胜,相关产业也得到发展。

同样的道理,若几个融资项目争夺资金的支持,最后是,最优质的项目胜出。这样一来,在投资者获益的同时,也实现了对资金的优化配置。

在眼下,由于政府过度管制,"手伸得太长",国内很多领域还不够市场化。这也是中央下决心推进市场化改革的原因。

当然,使市场这只"看不见的手"发挥作用要有两个前提,一是,防止和阻止政府干预"由市场决定资源配置"的冲动;二是,政府要保护好财产权,并强化过程监管,从而确保市场竞争相对公平、公正。比如,对交易过程中的造假、欺诈进行严惩。

但问题是,如何才能让政府及官员尽心尽责,又不敢越权干预市场配置呢? 这显然不能靠个人觉悟,而是需要法治的力量。

### 法治的逻辑其实也是权力市场化

事实上,从经济学的视角去看,法治的核心逻辑其实是另一个层面的权力市场化。如果把一个国家比作企业,那么每个人就是这个国家的"股东"。强化法治,最主要的意义在于,通过一定的制度安排,使职业经理人群体(即政府及其官员)时刻牢记和重视"股东"的利益,一切以民意为重,执政为民,为"股东"的利益最大化而努力。

所以,法治确实至关重要。因此,十八届四中全会通过了《中共中央关于全面推进依法治国若干重大问题的决定》,推进法治建设。

综上所述,可以看到,十八届三中全会和四中全会的精神和部署可谓一脉相承,从经济学的视角看,逻辑是一样的,即权力市场化。

值得一提的是,若要把上述两种权力市场化做对比,我认为法治建设会更难。试想,即便是在一个所有权和经营权分离的大企业里,股东如何约束和激励管理层,也一直是一件很不容易的事,更何况是对一个国家的治理。

但是,只有推进法治,才能深化改革。从前面的分析,我们也看到,配置资源的权力的市场化改革,必须要有法治建设作为保障;否则,若单独推进第一种市场化改革,注定很难成功。

说到这里,我想到一部电影《十月围城》。在电影中,孙中山解读"革命"时说:"欲求文明之幸福,不得不经文明之痛苦。这痛苦,就是革命。"

其实,改革又何尝不是如此。

# "双降"隐忧：强刺激不能代替强改革

> 当"流动性陷阱"出现时，无论增加多少货币，都会被人们储存起来或躺在银行里，而不是用于投资或消费。发生"流动性陷阱"时，宽松的货币政策起不了作用。这当中，很重要的一个因素是，民众的信心可能不足。更深层次的一个原因是，经济运行机制存在缺陷。

2015年10月23日，央行宣布双降：对称降息25bp，降准50bp。很多人拍手叫好。不过，我却感到隐隐的担忧：中国政府会不会用强刺激代替强改革呢？因为我们知道，此次双降是针对经济下行压力，而不是针对流动性。

公开数据显示，这已经是央行年内第三次"双降"，这在新中国成立以来实属罕见。与此同时，2015年以来，央行还大量使用SLF、SLO、信贷资产质押再贷款等工具。其意图非常明显，即释放流动性，降低利率，稳定经济。

目前，从效果来看，国内的流动性已经达到比较充沛的程度。如果把余额宝的收益率作为衡量资金流动性的有效指标，我们会发现，目前其收益率已经跌破3%。尽管如此，国内经济增长依然面临压力，尚未看到增速下滑结束探底的迹象。

对此，很多人可能会想到一个经济学术语"流动性陷阱"。流动性陷阱是凯恩斯提出的一种假说，指一段时间内即使利率降到很低水平，市场参与者对其变化仍不敏感。

当"流动性陷阱"出现时，无论增加多少货币，都会被人们储存起来或躺在银行里，而不是用于投资或消费。发生"流动性陷阱"时，宽松的货币政策起不了作用。

这当中,很重要的一个因素是,民众的信心可能不足。更深层次的一个原因是,经济运行机制存在缺陷。

### "流动性陷阱"隐现:信心和制度是关键

说到这里,我想到了 2015 年发生的"股灾"。2015 年 6 月中旬,在经历前期暴涨之后,A 股掉头向下,连续暴跌。其间,政府通过"降准降息""暂停 IPO""限制大股东减持""证金联手各大券商花巨额直接到市场里买股票"来救市。但经历短期反弹之后,A 股继续暴跌,很多股票腰斩,或跌去 2/3,股市陷入"流动性陷阱"。

究其原因,一方面是因为 A 股的制度缺陷导致了暴涨暴跌;另一方面,当时这个市场并不缺资金,缺的是投资者的信心和信任。

事实上,国内经济隐现的"流动性陷阱"也是同样的逻辑,根源也是制度缺陷和信心问题。

针对这个经济局面,我认为,比释放流动性更迫切的是,要恢复和提振老百姓的信心。恢复信心有很多方法,结合中国当前和长远,政府最紧迫的是,强有力地、快速地推进市场化、法制化改革,通过改革释放红利,增强经济活力。

当然,我并不否认"保增长"的重要性。我只是要提醒,很多"保增长"的措施效果有限,同时,要少用逆改革的"保增长"策略。

有人可能会说,"促改革"和"保增长"并不矛盾呀?事实可能并非如此。一方面,当过度看重"保增长"时,可能需要依赖旧的经济引擎,继续原有的经济增长方式。这很可能意味着,"促改革"被暂时搁置。在此轮"股灾"及救市过程中,我们就看到,"暂停 IPO""限制大股东减持"等与市场化改革方向相悖的老办法被采用。当 IPO 暂停后,发行注册制改革自然被搁置。

另一方面,我担心,在"稳定压倒一切"的思想下,未来会有更多的"强刺激"政策实施。尽管边际效用递减,但"强刺激"比"强改革"显然阻力少,容易实施,短期效果还可能会麻痹监管层,影响改革的决心和进度。

### 防止股灾成为中国经济预演

可以预见,在未来两三年里,政府将在"保增长"与"促改革"之间徘徊和纠结。若以"股灾"为鉴,政府应该明白,强刺激代替不了强改革。

回想"股灾",很多人会认为"股灾"是发生在 2015 年 6 月中旬之后。其实不然,前期的暴涨也是股灾的一部分。因为有前面的暴涨,才有后面的暴跌。从后来的市场发展来看,当暴跌发生后,我们就非常被动。因为政府的临时干预只能中短期改变市场自有的方向。就好比一个皮球在下落的过程中,被一只手向上打了一下,皮球会短期向上,后来,还会继续下落。

所以,"股灾"提醒我们,要"防患于未然","救市"要发生在问题暴发之前。当前,针对制度缺陷的改革已经迫在眉睫,切不可错过时机,让"股灾"成为中国经济的预演。

最后,我想讲一个故事:有一位富可敌国的亿万富豪,他有多个子女。和很多父亲一样,他很希望子女们都出外打拼,靠自己获得傲人的成就。但是,基本上很少有子女这么做。

因为这些子女发现,自己创业太艰辛,尽管有可能成功,但远不如获得父亲的认可来得实惠。他们发现,父亲只要一个眼神或一个笑容,可能就意味着几亿财富到手。即使出外打拼,其实也很需要靠父亲的荫护、人脉和影响力。

这个故事其实是中国现状的"隐喻"。当前,过多的审批、被滥用的权力,以及国企们巨大的影响力,让政府及官员掌握了巨大的权力和经济资源。所以,在资源配置方面,"市长"们远远比市场更有影响力和话语权。

在这样的营商环境下,你会发现,如果能获得政府及高级官员的认可、青睐,财富更容易"滚滚而来"。这必然形成"政府资源是核心竞争力""争先恐后请市委书记、市长吃饭""全民公务员热""削尖脑袋争取步步高升"等中国特色的现象。

和上面那个富豪一样,尽管市长的权力和资源很多,但也是有限的。同时,市长的位置是有限的。这就造成当今中国经济社会中,人与人之间、企业之间的对抗意识被不断强化。不仅如此，你还会发现，越到上层，意味着越大的权力、利益，对抗可能越激烈。这就好比，相比普通人家，豪门家族里的争斗往往更为复杂一样。

如此一来，必然导致过多的没有价值的内耗，导致腐败。这应该是当前中国经济社会中很多问题的症结所在。

据此分析，中国未来最主要的改革方向：一是放松管制，用法治明确权力的边界；二是把产权更多地明确到个人，同时用法治保护私人产权。

从经济学的视角来看，上述改革的目的和方向就是要用法治确保"市场代替市长"，让配置资源的源头更多元化，从而更多地强化创新，强化人与人之间合作，以及对民众的服务意识，减少没有价值的争夺和内耗。这也是"市场经济""市场配置"更有效率的重要因素之一。

# 公信力流失比国有资产流失更可怕

> 防止"国有资产流失"无可厚非,但我们务必要同时珍惜和维护好党和政府的公信力,并要防止私有财产权受到侵害。
>
> 需要反思的是:如果云南红塔集团是民营企业,陈发树代表的是国有企业;或者广药是民营企业,鸿道集团是国有企业,那么,"云南白药收购案""'王老吉'商标许可合同争议案"等案件中涉及的合同也会无效吗?

一段时间来,国企改革成为热门话题。与此同时,"国有资产流失"一直是国企改革推进过程中的一个热点。对此,我想说的是,防止"国有资产流失"无可厚非,但我们务必要同时珍惜和维护好党和政府的公信力,并要防止私有财产权被侵害。在市场经济中,私有资产财产权应该与国有资产财产权有同等受保护的地位。这也是党的十八届三中全会的重要精神。

说到国有资产流失相关纠纷,不少人会想起云南白药收购案。

2009 年,云南红塔集团与陈发树签订《股份转让协议》,把占云南白药总股本 12.32% 的股份全部转让给陈发树,总交易金额超过 22 亿元。

随后一两年里,云南白药股价大涨 100% 左右。2012 年 1 月,中国烟草总公司称"为确保国有资产保值增值,防止国有资产流失,不同意本次股份转让",并正式否决了上述"云南白药股权转让"(尽管在 2009 年 1 月 4 日,中国烟草总公司曾做出过批复同意这个收购案)。

最后,云南高级人民法院判陈发树败诉。

这个案子让人有些看不懂。如果已签订合同的买卖可以以"国有资产流失"反悔,那么明显把私有财产权置于不平等的弱势地位。

我不知道,上述案例是否与国有企业领导换届有关。不过,在国有企业,往往隔几年就换一个领导。若领导换届,前面领导签的合同就可能以"国有资产流失"不被承认了,那么今后谁还愿意与国有企业谈合作、谈生意?

事实上,在现实中,这样的案件还不少。比如,著名的"王老吉"商标许可合同争议案。

2000年5月2日,广药集团与鸿道集团签订协议授权鸿道集团使用"王老吉"商标至2010年5月1日。后来,双方又分别于2002年11月及2003年6月签订《"王老吉"商标许可补充协议》和《关于"王老吉"商标使用许可合同的补充协议》,将合同期限延长至2020年5月1日止。

不过后来,广药集团起诉了鸿道集团。在诉讼中,广药集团指出,广药集团原副董事长李益民当时多次收受鸿道集团贿赂。同时,上述两份补充协议导致了国有资产的流失。广药方面以此作为主要理由认为补充协议无效,并在最终的仲裁中获胜。

我们看到,在这样一些案子里,当国企找个理由认为"国有资产流失",合同立马成为废纸,契约精神荡然无存,不免让人唏嘘。

换位思考,如果云南红塔集团是民营企业,陈发树代表的是国有企业;或者广药是民营企业,鸿道集团是国有企业,那么,上述案件中涉及的合同也会无效吗?

国有企业代表的是政府。所以,我们需要引起警惕的是,在这样的一些案子里,比国有资产流失更可怕的是政府公信力的流失。长此以往,其后果,恐怕将不仅仅是国企改革受阻。

记得在20世纪90年代末,从1997年到2006年期间,有大量效益不佳或经营不善的中小国有企业民营化。后来,有一半左右的企业经营得到改善。最后有人借此惊呼"国有资产流失"。其实,很多企业主要是因为所有制变化而提升了效率和生产力。

事实上,若没有鸿道集团这十多年的努力和付出,又会有多少人知道"王老吉"这个现在已价值连城的商标呢?

上述案件表面上看是保护国有资产、保护公有制经济财产权,但以

"国有资产流失"为由不履行与私营企业的合同,从另一个角度去思考,是不是存在对"非公有制经济财产权"侵害的嫌疑呢?

根据党的十八届三中全会上通过的《中共中央全面深化改革若干重大问题的决定》,未来的改革方向已经明确,即"要保证各种所有制经济依法平等使用生产要素、公开公平公正参与市场竞争""公有制经济财产权不可侵犯,非公有制经济财产权同样不可侵犯"。所以,我们期待,上述类似案例越来越少。

# 温州危机预示中国经济遇天花板

> 温州及温州人,先一步享受到开放、人口、城市化等各种政策和改革红利。或许也理所当然地,率先遭遇经济和产业发展的天花板。因此,在我看来,解决当前温州经济发展、企业成长所遇到的瓶颈和痼疾,也只有依赖国家层面深层次的改革,甚至包括政治体制改革。

又有两位浙江温州的朋友向我诉苦,他们各自有数以百万计的借款"有去无回"。

2011 年以来,温州民间借贷纠纷的案件数量一直有增无减。像这两位朋友的遭遇,在眼下的温州,算是较为常见。

相对应的,这场危机也冲击了当地银行业。据温州银监分局公布的统计数据显示,截至 2013 年 10 月末,温州银行业不良贷款率为 4.31%,不良贷款额为 311.3 亿元。

温州当地一位银行业人士透露,因借贷纠纷实在太多,法院那边现在忙都忙不过来。"民间借贷相关数据没法统计。至于温州银行业的坏账情况,据我了解,比公开的数据还要糟糕。有一些坏账只是暂时被掩盖。"该人士说。

## 温州人发迹史见证中国经济发展

作为中国民营经济发展的先发地区,温州可以说是改革开放的一个标签。

在改革开放初期,借助政府对私营经济的松绑,温州人靠着吃苦耐劳,赚到第一桶金。当时大部分的温州作坊都是从早晨五六点,干到深夜。温州人还远赴全国,甚至全世界打工、摆摊、开店、谈业务。

其后,在中国加入世贸及内需逐渐释放的大背景下,温州企业凭着产业聚集和专业化分工网络,在打火机、皮鞋、包装印刷、低压电器、服装等产业中引领全国,甚至全球,涌现出美特斯邦威、正泰、报喜鸟、森马、盛宇被服等一大批知名企业。当时,"温州模式"被广为称颂,温州商人也成为先富起来的一批人。

再往后,凭借资本优势和对市场的敏锐感,温州民间资本对矿产、棉花、房产等资产展开追逐和热炒。尤其是,"温州炒房团"被媒体报道后,名闻天下。

当时,很多人都认为,是温州人炒高了当地房价。其实,温州人只是先一步嗅到了地方政府推高房价的利益冲动,分析和预见到其中的投资机会。现在回想起来,人们不得不佩服温州人当年的眼光和魄力。

可以说,温州人的发迹和掘金轨迹,见证了三十多年来国内经济发展的内在动力和不同发展阶段,包括靠政策松绑,释放活力;靠聚群经济和出口拉动;靠人口红利和内需拉动;靠城市化、房产经济及投资拉动等。

值得一提的是,这些年来,伴随温州人掘金轨迹的变化,外界对于温州人的感观,也在不断变化:温州小贩→勤劳的温州老板→可恨的温州炒房团→令人羡慕、嫉妒的温州有钱人。

## 批量式发生的失信行为

不过,"炒房赚快钱"的财富效应,让很多温州人变得浮躁,对炒房有了"路径依赖",甚至疯狂。对于本来遭遇成长瓶颈的实业,更是失去了耐心和兴致。

到了后面几年,很多温州企业及温州人在外地创办的企业,都变身成了老板们及其家人开展房产投机的融资平台。在当时银根宽松的环境下,受房产投机暴利的诱惑,他们最大限度地融资,甚至靠互保联保制度过度融资。大的温州企业老板,借钱控股、参股楼盘开发;小的企业主,则借钱炒房。

对此,温州当地一家中等规模企业的负责人回忆说:"四五年前,向银行贷款很容易。有的银行还主动上门询问是否需要贷款。"

当时恰逢国家启动"4万亿元投资计划",货币比较宽松,温州企业向银行贷款不但容易,且利率不高。据我与多位温州企业负责人的交流,当时即使不投机房产,很多温州老板也会忍不住贷款买地、新建厂房,大张旗鼓搞扩张,或者开展其他多元化投资。

从2010年开始,国家开始连续收紧银根,并加大房产调控。房产等各类投资一时无法变现,所以,面对银行的抽贷,一些温州企业只好转向民间借贷,甚至高利贷。部分企业很快撑不下去,资金链开始断裂。企业倒闭、老板跑路的消息或传闻不绝于耳。

借贷关系和企业间互保联保一环扣一环,银行当年的抽贷,可以说是,推倒了第一块木板。在多米诺骨牌效应下,温州民间借贷及企业担保链危机一触即发,并愈演愈烈。

现金流出了问题,迫使很多企业主卖房变现。数据显示,2011年9月至2013年12月,温州房价连续下跌28个月。

因民间借贷危机,不少温州家庭收不回借款;由于房价下跌,很多温州家庭资产缩水。同时,这样的背景下,民间、银行纷纷惜贷,不少温州民企因此举步维艰,连当地一些大的企业也被爆拖欠员工工资。

更严重的是,失信行为批量式发生及信用危机的蔓延,一定程度破坏了一直以来维系当地经济的民间信用体系,这给当地经济发展造成了深远的负面影响。要知道,讲信用、互帮互助及在此基础上发展起来的民间借贷,本是温州经济发展的核心竞争力之一。

为此,尽管没做过缜密的调查,但可以判断,受此次借贷及信用危机牵连的温州家庭或企业比例并不低。如果现在说"可怜的温州人",或有夸张成分,但现在很多温州人的日子确实不太好过。与此同时,温州这座城市的经济和发展已遇到瓶颈,前景令人忧虑。

### "温州瓶颈"的警示

事实上,分析温州人近些年疯狂炒房的原因,除了有非理性的因素,也有其现实的必然性。

其中一个因素是,当地很多产业和企业,发展到一定程度和阶段,进一步发展遇阻,成长乏力(可以称之为"温州瓶颈")。其深层次的原因包括:金融配套服务跟不上经济的发展;腐败严重,当地政府的服务跟不上企业发展的需要;人才和资金严重外流,企业外迁;员工成本及厂房土地价格上涨过快等。

"腐败到处都有。但感觉温州的官员'吃拿卡要'最严重,服务意识也最差。"一位多年在外经商的温州老板这样说。

谈到温州现在的困境,不知道当初痛恨温州炒房团的人们,会否有些幸灾乐祸。事实上,温州经济当前所遇到的问题,不管是人才外流、腐败、金融配套问题,还是人口红利消失等,放眼当前的中国,也一定程度存在。

温州及温州人,先一步享受到开放、人口、城市化等各种政策和改革红利,或许也理所当然地率先遭遇经济和产业发展的天花板。

从这个意义上讲,尽管温州当前的危机,有其自身的特征和因素,但目前温州的困境,也预示着中国当前经济增长方式遇到天花板。换句话说,"温州瓶颈"已现,若延续当前的经济增长方式,"中国经济的瓶颈"也就在眼前。

目前,尚无法判断,温州民间借贷及企业担保链危机是否会继续向外扩散。但"温州瓶颈"给了管理层一个重要的警示,即深层次的改革已迫在眉睫,刻不容缓。

分析温州当年的崛起,温州人先富起来的重要前提和大背景是,改革及相关产业政策释放的活力和红利。因此,在我看来,解决当前温州经济发展、企业成长所遇到的瓶颈和痼疾,也只有依赖国家层面深层次的改革,甚至包括政治体制改革。

若仅靠浙江或温州自己制定的小政策或措施,肯定收效甚微,无法解决当前其遇到的困境。所以,我一直认为,温州当前正在进行的金融体制改革,注定将失败。

在当年,很多经济学家和学者研究温州经济、温州模式,全国各地还掀起过一股学习热潮。而如今,温州这场危机及"温州瓶颈"也同样值得讨论、分析、思考和研究。

目前,中国经济错综复杂,正处在改革和发展的十字路口。"温州瓶颈"对于国内正在进行的重大经济决策和改革,有着重要的参考意义和价值。

# 豪车售价远超境外不算垄断

> 正是"外企超国民待遇",这二三十年,中国成为外商投资的热土。可以说,中国经济几十年的高增长,外企及外资做出了巨大的贡献。这就好比,傻子卖西瓜,老是半卖半送,结果生意好得不行。看似傻子吃亏了,其实,傻子最受益。

国家发改委向日本精工等 12 家日系汽车零部件供应商开出了共计 12.35 亿元的史上最高反垄断罚单,[①]引发各方热议。

在外界看来,日企被罚只是这场反垄断风暴的序曲。对此,很多人关心的是,这场反垄断风暴将如何演绎?对当前中国经济及证券市场将产生怎样的影响?要回答这些问题,首先要厘清几个关系和概念。

## 一、豪车售价比境外高很多,算不算垄断?

有媒体报道称,中国反垄断下一目标可能是星巴克。理由是,星巴克公司在中国的售价明显高于欧美。

很显然,这是谬论。

伴随着反垄断风暴的推进,不断有豪车品牌及零部件降价的消息和传闻。这给人一种错觉,似乎价格过高,或比境外价格高就涉及垄断。

其实不然。因为在市场经济中,企业应该有完全的定价权,可以根据自己的品牌定位和价格策略开展定价。所以,即使星巴克在国内卖 1000元/杯,也不算垄断。

那么,有人会问,一些 4S 店的零部件卖得特别贵,是否涉及垄断。我

---

① 中新网北京 2014 年 8 月 20 日电,《12 家日企被罚 12.35 亿元》。

认为,这也是企业的自主行为。

当然,这不意味着已购车的消费者被"吃定了"。因为售后环节定价过高的负面影响是,经过"口口相传"之后,理性的消费者会"用脚投票",不再去买这个品牌的新车。

对此,介入的应该不是反垄断部门,而是消费者权益保护委员会。消保委可以公布各种品牌汽车的零整比,帮消费者擦亮眼睛。

但值得一提的是,不少国人有"炫富"的自卑心理。车子卖得越贵,他越想去买,甚至认为和朋友提起自己的车"换个轮胎8000元"很有面子。

这只能算是"周瑜打黄盖",谈不上垄断。

说到这里,有人可能会提到"纵向垄断"。据2008年实施的《反垄断法》,禁止经营者与交易相对人达成协议,限定向第三人转售商品的最低价格,这个情形会被认定为"纵向垄断"。

我不知道,国外车企有没有与国内4S店约定或限定汽车的指导价。不过,在我看来,上述《反垄断法》的条款不太科学。

因为,企业应该有给自己的品牌产品确定指导价的自主权,以维护品牌形象和定位。这是企业正常的营销和价格策略。比如,平日里,基本上所有的品牌电器、品牌服装及餐饮连锁店里的商品、服务,不管是否为加盟商,其定价都受相关品牌企业的指导。

## 二、与当前的改革及新政是否有关联?

那怎样才算是垄断?通俗地讲就是"限制竞争,限制顾客的选择权"。此次被罚的日系汽车零部件供应商互相协商价格,多次达成订单报价协议并予以实施。这种限制竞争的行为,可以认定为垄断。

再比如,不管你买什么品牌的汽车,但都要到中石油或中石化加油站加油,基本上没有其他选择,这也算垄断。

眼下,说到反垄断,很多人会联想到当前的经济改革。2013年11月公布的《中共中央关于全面深化改革若干重大问题的决定》提到了"反对垄断和不正当竞争""进一步破除各种形式的行政垄断"。

其实,公开的信息显示,在这轮改革启动之前,反"不正当竞争"一直在进行中。所以,此轮经济改革涉及的"反垄断"主要是指"反行政垄断"。

也就是说,近期一系列反垄断调查,无关乎当前正在进行的经济改革新政。

前阵子,工行年赚数千亿及银行业是否垄断的话题引起热议。其实,银行业就是一个典型的行政垄断行业,其主要表现在对存款利率的管制上。

银行吸收存款,有些类似茶商们去农村向茶农们收茶。对于存款利率的管制,就好比几个茶商联合起来设立一个收茶的价格,操纵和压低茶价。由于利率管制是政府行为,所以,属于行政垄断。

目前,行政垄断在国内非常普遍,包括银行业,石油、电力、航空、通信等与民生相关的各行各业都存在行政垄断。这些垄断严重蚕食老百姓的福利,提高了生活成本。

对于外资汽车的反垄断风暴,网上讨论和争议很大。我想,最主要的原因是,老百姓希望政府能够在"反行政垄断"方面也同样多下工夫,从而让他们真切地体会到改革的红利和实惠。

### 三、此轮反垄断风暴,针对外企或外资吗?

要摸清此轮反垄断调查对经济及对证券市场的影响,必须先要摸清其目的、脉络、规律及趋势。

公开信息显示,除了此次已经公布罚单的日系汽车零部件供应商,涉及的外资企业还有微软、奥迪、克莱斯勒、宝马等。而在此之前的2013年11月,发改委对高通启动反垄断调查。

无怪乎,尽管商务部公开否认反垄断调查"针对外资",但还是给国外媒体或相关商会"针对外资"的感觉和担忧。

来自商务部的数据显示,中国吸引外资金额2014年7月同比下降16.95%。目前尚不清楚这一变化与上述担忧是否有关。

但是,我认为,反垄断"针对外资"不应该,也绝不可能成为趋势。历史实践证明,中国一定要开放,排外对中国绝没有好处。

谈到目前反垄断"针对外资"的话题,很多人会提及曾被一些人批评的"外企超国民待遇"。

事实上，我们要感谢此前的"外企超国民待遇"及相关制度。在该制度和背景下，看似我们吃亏了，但所谓"吃亏是福"。其实，我们是最大的赢家。

正是"外企超国民待遇"，这二三十年，中国成为外商投资的热土。可以说，中国经济几十年的高增长，外企及外资做出了巨大的贡献。

这就好比，傻子卖西瓜，老是笑脸迎客，还半卖半送，结果生意好得不行。看似傻子吃亏了，其实，傻子最受益。

其实，在商业世界里，有竞争关系，有大鱼吃小鱼；但主要的市场逻辑是"利己先利人"，是交易，是共赢。

所以，对于当前的反垄断无需过度解读。政府目前的改革和政策方向，不可能是排外，也不可能是让外企"低一等"，遭遇不平等待遇。而更可能的是，提高民营企业的地位，让它们与外资企业拥有一样的礼遇，营造公平、公开的营商环境。

至于眼下的几次反垄断案件，我们从中可以观察得出，今后在政府采购方面，特别是涉及信息安全领域，本土相关行业企业将有更多的机会。不过，在汽车行业，若外资车及零部件价格不断下降，可能会给本土车企带来一定的竞争压力，甚至冲击。

# 要关注的不是假货，而是垄断

> 在当前，政企关系是非常微妙的。企业在规模小的时候，面对监管部门，往往非常弱势，各种执法部门可以找个理由"分分钟灭你"。当小企业发展成大企业，甚至有影响力的企业后，监管部门又敬而远之，不管有无过失，都不敢惹，不仅如此，还会给予种种便利和扶持。
>
> 因此，值得探讨的是，在这样的政企关系和营商环境下，市场化程度多少受到影响，那么，纯粹意义上的自然垄断是否存在？

2015 年初，国家工商总局发布了 2014 年下半年网络交易商品定向监测结果。[①] 据该报告，淘宝网正品率最低，不足四成。随后，淘宝连续发声质疑工商总局抽检吹黑哨。

随着淘宝"叫板"工商总局事件持续升温，很多人已从假货问题本身，转向对中国政企关系的思考。而这个问题最后又指向，政府管得太多及法治不健全。

在我看来，在互联网时代，这样的政企关系，将加剧互联网各个产业的"马太效应"，即强者更强，并导致新的垄断。

垄断可以分为自然垄断与行政垄断。二者主要区别在于，前者是通过努力和创新，通过市场优胜劣汰而形成；后者则更多地依赖政府的力量。二者对经济社会的影响和意义全然不同。

那么，在当前的中国，在这样的政企关系和营商环境下，市场化程度多少受到影响，纯粹意义上的自然垄断是否存在？

---

① 《中国工商报》2015 年 1 月 24 日，《国家工商总局发布 2014 年下半年网络交易商品定向监测结果》。

## 管得太多，监管部门操错心？

众所周知，作为一个平台方，售假事关口碑和顾客体验，事关平台的可信度和生死存亡，淘宝网应该比工商部门更有动力去打假，维护交易的平台。

目前，从淘宝网不断攀升的交易额来看，淘宝网的口碑还是不错的，被骗、被坑的受害顾客比例还是比较少的，至少没有想象的那么严重。

说到这里，有朋友可能要反驳：在淘宝上，顾客是知假买假，结果是一些企业的商标权受侵害。对此，我想说的是，和线下不同，网上销售记录都有，为何这些顾客不去告发、索赔。若是由于维权成本高，那责任不能算到淘宝网头上。

毕竟淘宝网是个平台，不是商家。淘宝和京东、当当网等 B2C 网站有本质的不同。淘宝网只是把实体世界的交易搬到网上。若淘宝网上真的是假货泛滥，我认为，最主要的责任应该是监管部门。

这就好比，杭州大关夜市或义乌小商品市场，与王府井百货、沃尔玛超市是有区别的，是两个概念。打个比方，若监管部门因假货问题去指责义乌小商品市场，那可能有推卸责任之嫌。

因为，平台企业尽管有维护交易公平和打假的动力，但没有监管职权。若假货泛滥，根源应该是监管不力，或政策制定不合理。

那么，作为平台，淘宝网的责任是什么？我认为，和实体的商品市场不同，网络比较复杂，平台方有责任协助监管部门找到售假企业。

其实，不管是网络，还是实体，打假的逻辑并不复杂。对于监管部门和政策制定者而言，就是要保护企业和民众的财产权。

那么，令人不解的是，监管部门不在受理受害企业、个人维权及降低维权成本方面下工夫，为何要替淘宝网操心"售假率"。

除了对自己监管工作成绩自查的需要外，这种"监测结果"对打假、维权有帮助吗？至少，你代表的是国家的公信力，真要公布的话，你应该拿出有公信力的"监测结果"。所以，人们不得不怀疑，公布这样一个东西，是否有利益驱动？

我一直认为，政府部门管得太多不是好事。政府操心太多，审批太多，会影响企业的活力，影响市场在资源配置中的决定作用。你的一举一动，可随时搞倒一家企业。为此，让各级政府"少管"是当前改革的方向。

同时，在改革过程中，我们要警惕的是，当一些政府部门因"没的管"而寻租空间缩小后，拼命找事情管，以体现自己的能量。

## 监管部门对大小企业态度迥异

若我说此事工商是"该管的不去管，不该操心的瞎操心"，很多工商执法人员可能会叫屈。

一位工商局人士曾私下对我说，难道工商不想管售假吗？淘宝网的"小二"是比较牛的，不好打交道。同时，阿里巴巴公司现在如日中天，全球瞩目，创始人马云经常跟国家领导人碰面、开会、出访，他们怕戴上"打击创业、扼杀创新、影响互联网经济"的帽子。

对于这个情况，监管部门应理直气壮地向淘宝网提出要求，设立专门的紧密合作通道。不过，与这位工商局人士的交流，不得不令人再次对中国政企关系展开思考。

在当前，政企关系是非常微妙的。企业在规模小的时候，面对监管部门，往往非常弱势，若被"盯上"，各种执法部门可以找个理由"分分钟灭你"。当小企业发展成大企业，甚至有影响力的企业后，监管部门又敬而远之，不管有无过失，都不敢惹，不仅如此，还会给予种种便利和扶持。

比如，从此次"监测结果"来看，比淘宝网更冤的是另一家网上商城。该商城仅一个产品被抽检，刚好又是非正品，所以，非正品率100%。此"监测结果"一出，给消费者的感觉是"随便买个东西就是假的"。

事实上，若理性地看，这样的抽检显然不够严谨、不够科学。但其对商家的伤害是很大的。即便如此，这个企业一直不敢发声。

相比之下，淘宝网之所以敢"大战"工商总局，重要的原因是，它已经成长为有全球影响力的企业。

令人玩味的是，在这样的政企关系和营商环境下，和不少朋友交流后我发现，当淘宝网被国家工商总局"盯上"后，不少民众内心思考的不是执是孰非，而是"马云是不是得罪人了"。

在很多人的印象中，现有法律体系似乎不能很好地保护企业财产权。我想，本轮改革的重要目标之一，就是要改变这种局面。

### 政府要避免成为企业实现垄断的"助推器"

经济学上有个著名的理论叫"马太效应"，即赢家通吃，强者更强。现在看来，这已是互联网经济的核心特征。

可以想象，在此背景下，上述政企关系和营商环境必将导致"马太效应"进一步强化。其结果是，更容易造成垄断。为此，对于淘宝网，我们的关注点不应停留在假货上，而应是政企关系、是垄断。

其实，目前来看，阿里巴巴给人最大的隐忧是"支付平台＋交易平台＝趋向自然垄断"。目前，阿里在支付环节已经体现出一定程度的市场势力。

我们知道，阿里成功的本质是通过互联网的力量，通过创新，减少了交易成本，促进竞争。但是，对于一个平台企业而言，当企业发展到一定阶段，赚得越多，股价越涨，员工工资越高（传阿里员工的年终奖为100个月工资），意味着老百姓支付的交易成本越高。这其实有可能隐形地蚕食民众的福利。

不过，与石化、电力、银行领域的行政垄断不同，阿里追求的是自然垄断。对于自然垄断的态度，经济学界尚有分歧。

有些人认为，到一定程度，自然垄断也会阻碍竞争，蚕食民众的福利，政府应该出手干预。基于此，很多国家制定《反垄断法》，打击滥用市场势力的企业。按这一部分人的逻辑，他们可能会要求拆分淘宝网和支付宝，或是要求淘宝网允许其他第三方支付平台入驻。

另一些人则认为，只要有竞争，只要产品有差异，那么一定程度的市场势力，一定程度的自然垄断无法回避。像专利、品牌，通过努力以实现垄断溢价，是每个企业，每个人的追求。正如知名经济学家谢作诗所言"愈垄断，竞争愈激烈"。从这个角度理解，若打击自然垄断，将影响企业参加竞争及创新的积极性。

对此,在中国政府已经"干预太多"的背景下,我略倾向于后者的观点。

同时,需要指出的是,上述对于自然垄断的影响分析,是基于市场竞争相对充分,即"市场在资源配置起决定作用"的假设基础上给出的。

但上述政企关系和市场环境下,市场化程度多少受到影响,不少自然垄断的背后可能带有行政垄断的影子。为此,对于这种背景下形成的自然垄断的具体影响,我们还要做具体的评估。

至于化解之道,绝不是对自然垄断的干预和限制。相反,所谓"解铃还需系铃人",基于上述分析,我认为最重要的是,政府一定要抑制干预市场的冲动,避免成为企业实现垄断的"助推器"。

所以,归根结底,决策层和监管部门当前最紧迫的工作仍然是,放松管制,约束权力,确保市场开放,减少市场进入壁垒,对不同参与者一视同仁;通过法治保障各类市场参与者的财产权,从而使市场更加公平、公开,使竞争更充分。

# 从陈光标名片看中国商人自卑心

> 不仅仅是陈光标,国内很多民企老板热衷参与各种荣誉评选,并设法担任各类社会职务,希望借此来获得安全感。换个角度来看,这一定程度,也说明了中国商人的自卑心态。其背后的原因是,长期以来,我国历代封建王朝一直奉行"抑商"政策。

昔日"中国首善"陈光标宣称要收购《纽约时报》[①]成了热门新闻。与此同时,陈光标赴美期间所用的英文名片,一时间也引发众多讨论和争议,成为人们茶余饭后的谈资。

"Most Influential Person of China"(中国最有影响力的人)、"China Moral Leader"(中国道德领袖)……陈光标的英文名片有九个头衔,网友调侃"令美国人震撼""亮瞎美国人"。

对此,陈光标解释称,印刷在名片上的头衔都是有证书的。至于网友误解,可能是因为翻译问题。

其实,结合收购《纽约时报》的背景新闻,对他的英文名片或许更好理解一些。

《纽约时报》(*The New York Times*)是一份在全世界有相当影响力的英文报纸,总市值大概22亿美元,由苏兹伯格家族掌控。

先不谈陈光标有没有实力收购,一般情况下,洽购这样一家报纸,有两个途径:一是聘请一家国际投行;二是通过私人关系,打入苏兹伯格家族的社交圈子。目前来看,陈光标并没有聘请投行,所以,只能想第二个办法。

---

① 人民网2013年12月31日,《陈光标称要收购〈纽约时报〉被指"放卫星太大"》。

尽管在国内有一些知名度，但陈光标想打入苏兹伯格家族的社交圈子，难度不言而喻，因此，去美国纽约时，他带去上述英文名片，包装和展示一下自己。这就好比，一个小企业老板要去外面谈个大生意，肯定要事先装点一下。说实话，这也是大多国内企业老板谈生意的套路。

据公开消息，陈光标曾宣称用16吨人民币搭建了一个演播厅。所以，以陈光标这样的性格，就容易理解了。当然，这也说明，他很享受和在乎这些头衔。

事实上，不仅仅是陈光标，在国内，很多民企老板热衷参与各种荣誉的评选，并设法担任各类社会职务。在平日里，我遇到的人当中，名片上印有很多个职务的，一般也多为民营企业家。

这样做，除了对生意可能有帮助，民企老板们也希望借此来获得安全感、认同感。换个角度来看，这在一定程度上也说明了中国商人的自卑心态。

其背后的原因是，长期以来，我国历代封建王朝一直奉行"抑商"政策。因此，在传统观念中，商人尽管拥有很多财富，但社会地位并不高。

对此，财经作家吴晓波在《中国自古"轻商"是个伪命题》一文做过剖析：中国历代统治者深谙工商之于富国的意义，从来没有轻视工商业，他们只是抑制民间商人而已。

因为，统治者与民间商人之间，存在对资源、财富等支配权的竞争关系，涉及利益。所以，统治者有"抑商"的利益冲动。

时至今日，在处于社会和经济转型期的中国，由于国企垄断、法制不健全、对私财保护不力及官员的权力缺乏约束和监督等因素，商人的境遇仍有些微妙。

曾有媒体报道，广东清远市清城区一位环保局局长被曝在和朋友聊天时称，"可以分分钟搞垮一家企业"。尽管有夸张的成分，一定程度也说明了目前国内商人的处境。

由于缺乏安全感和认同感，有很多企业家不得不花时间与各级政府官员联络感情，并设法担任各类社会职务，成为"红顶商人"。另外，不少企业家还选择了移民，把财产转移到海外。

这些做法和心态,显然会分散民企老板们的精力,影响企业的效率,并使资金流失,成为国内经济的绊脚石。

但按经济学理论,在合法的前提下,赚钱越多的人,付出的努力越多。个人获得的金钱,与其对经济社会发展的贡献,有正相关关系。毋庸置疑,我们要善待为社会做出贡献的人,每个人的社会认可度、受尊重程度,应该与其社会价值尽可能匹配。

为此,不管是着眼于长远经济发展,还是出于情理上的考量,政府都有必要通过法制建设和政策设计,让重商文化在中国生根发芽。要让商人成为受尊重的职业,拥有更多的安全感。在我看来,这应该是当务之急,应该成为这一轮改革的重点。

# 对经济领域纠纷要慎用重刑

> 民营企业主在为经济社会做出巨大贡献的同时，也积累了一定的资源和财富，也因此更易陷入各种经济纠纷。不可否认，相比公权力部门，民营企业主算是弱势群体，而一些公权力部门或执法人员也确实有介入这类纠纷的利益冲动。

在中式连锁快餐企业真功夫控制权纠纷案中，广州市天河区法院认定真功夫前总裁蔡达标职务侵占和挪用资金两项罪名成立，一审判处其有期徒刑 14 年。①

对于真功夫，很多老百姓应该不陌生。在以前，大型连锁快餐行业一直是肯德基、麦当劳等的天下，真功夫、老娘舅等快餐连锁企业的出现，一定程度上改变了这一格局。或许出于对民族品牌的某种情结，对于该判决结果，我唏嘘不已，只希望对该企业影响有限。

刚开始，我还有些不解：作为大股东和掌门人，在自己的企业挪用和调度一些资金，量刑可以这么重？向两位知名律师请教后，得以确认，判决应该是严格根据相关法律做出的，量刑是由涉及的金额认定的。所以，关键是，对证据的认定问题。

上述权威的解读也给了众多民营企业主一个重要的警示：很多浙江的民营企业主，自己的钱和公司的钱，不太分得清楚，对此务必要小心。

再说回这个案子。从蔡达标等人在 2011 年 3 月被警方带走，到这次的一审判决，时间拖了近 3 年。这期间，与其争夺控制权的股东数次与蔡

---

① 新浪财经 2013 年 12 月 12 日，《真功夫蔡达标一审获刑 14 年 家属喊冤判刑过重》。

开展和解谈判及洽购股权。据此分析,也许该股东的本意并不是让蔡坐牢。可能他更希望的是,借助《刑法》的威慑力,买到蔡手中的股权。

真功夫本是拟计划上市企业,风投也已引入,前景可期。双方的控制权纠纷,以掌门人坐牢而告终,其实对于纠纷双方算是"双输",对经济社会也无益。

当然,对于真功夫案的来龙去脉,我并没有深入了解,不做判断。不过,跳出该案子本身,一个值得注意的现象是,近年来,企业家犯罪现象逐年增多。同时,在司法实践中,一定程度上存在刑事手段干预市场经济领域的泛化问题。

改革开放以来,民营企业主在为经济社会做出巨大贡献的同时,也积累了一定的资源和财富,也因此更易陷入各种经济纠纷。不可否认,相比公权力部门,民营企业主算是弱势群体,而一些公权力部门或执法人员也确实有介入这类纠纷的利益冲动。

一段时间来,由借贷纠纷引发的"诈骗"刑事案、由官商勾结强买股权引发的刑拘事件,屡见报端。最知名的案例是"太子奶冤案"。这个案子使创始人蒙冤被刑拘,昔日红红火火的太子奶也基本在市面上消失。

因此,在立法和司法上,对于经济领域的纠纷,特别是对没有危害国家或公众利益的纠纷,是否非要用刑事手段,甚至要施以重刑,值得思考。

"凡是能够用民事手段、行政手段解决的矛盾纠纷和一般违法问题,不动用刑事手段。无论在立法还是司法上,对市场经济领域当中出现的冲突和纠纷,在没有规定非刑事手段之前,不能轻易地规定或者轻易地认定为犯罪,要慎用刑事手段。"著名刑法学家高铭暄教授曾公开表示,实践中一定程度上存在着用刑事手段干预经济纠纷和民事冲突的问题。

我写这篇文章,不是说要给民营企业主特权,而是结合目前社会和经济转型期的实际情况,考虑做出一些司法、立法改革,完善法律法规,使企业更好地可持续经营,让民营企业主更有安全感,这显然对经济社会发展有利。

# 央企负责人降薪不一定是好事

> 通俗一点讲,央企高管其实就是全国民众选派的"职业经理人"。那么,假如我们有一个公司,作为老板,我们应该是什么心态?所以,核心的问题不是央企高管工资的高低,而应该是,如何制定科学的薪酬制度来激励在央企工作的那些"职业经理人"。否则,简单地降薪很可能降低"职业经理人"的积极性,可以说是"捡了芝麻丢了西瓜"。

据媒体报道,针对中央企业负责人的薪酬改革方案已经正式落地并将于 2015 年 1 月正式实施。[①]

据称,改革实施后,央企特别是金融、石化等高收入行业的央企负责人薪酬会降低不少。对此,网上不少人纷纷拍手叫好。

其实,这里头存在一定的误区。作为全社会收入分配制度改革的一部分,降低央企高管的薪酬,普通民众可能从心理上获得一些平衡和快感。不过,理性地讲,央企高管降薪并不一定是好事。

通俗一点讲,央企高管其实就是全国民众选派的"职业经理人"。那么,假如我们有一个公司,作为老板,我们应该是什么心态?理论上讲,我们其实是希望职业经理人的工资越高越好,至少不是越低越好。

当然,其前提是设立激励机制和制度把职业经理人的利益与股东的利益捆绑起来。这是因为,与政府机构不同,企业是实行自主经营、自负盈亏的主体。在上述一定的制度安排下,他们的工资越高意味着企业的

---

① 新华网北京 2014 年 11 月 20 日电,《央企负责人薪酬改革披露公布:72 家首当其冲》。

收益越多,如此一来,多付的那一点点工资何足挂齿。

所以,核心的问题不是央企高管工资的高低,而应该是,如何制定科学的薪酬制度来激励在央企工作的那些"职业经理人"。否则,简单地降薪很可能降低"职业经理人"的积极性,可以说是"捡了芝麻丢了西瓜"。

不仅如此,在央企工作的那些"职业经理人"掌控着巨额资产及相关人事权。比如,工商银行 2014 年三季度末的总资产为 20.15 万亿元。可以想象,在央企里,"职业经理人"若因为降薪而心理不平衡,稍微动一下心思,其所造成的损失将可能是他们一年工资的 N 倍。

据公开报道,"河北一科级干部家中搜出 1.2 亿元现金"的消息曾轰动全国。而这个人仅仅是一个地方小国企的领导。

由此分析,除了科学的薪酬制度,有效监督是非常重要的。据公开报道,国家将建立薪酬信息公开制度,央企负责人薪酬必须参照上市公司信息披露并向社会公开。

但我认为,仅仅这样是不够的。近几年,"官员财产公开制度"一直备受热议。我建议这个制度可以在央企负责人这个群体率先实施。

此外,对于派驻央企的监察机构和官员应该考虑实施一定的激励机制,即被查出的违法部分给予一定比例的奖励。

总而言之,薪酬改革是一个系统工程,核心应该是激励和监督。我们绝不能以央企高管工资的升降来简单地评判这轮薪酬改革。

眼下,一些民众一听到央企高管降薪便叫好,一定程度上,可以认为,他们的"老板意识"还不够,感受不到央企带来的收入和利润与自己有关。他们只把央企高层看作成本,看作负担;没看到他们也可以努力工作,并带来创收。

当然,所谓"人人都是所有者,人人又感受不到自己是所有者",民众"老板意识"不够的背后,我们不得不承认,国有企业在企业治理方面存在天然的不足和缺陷。不过,也正因为此,科学、合理的薪酬改革显得至关重要。具体的条款务必尽可能细化,具有可操作性。

# 保护财产权就是保护劳动

> 如果缺乏有力的财产权保护，其后果是经济纠纷、扯皮，甚至是掠夺，那么市场主体自然就缺乏安全感，参与交易及劳动的积极性也将受到严重影响，交易成本居高不下，市场繁荣就会成为一句空话。

当前，随着改革的推进，"财产权保护"被提高到前所未有的高度。

十八届三中全会通过的《中共中央关于全面深化改革若干重大问题的决定》指出，"公有制经济财产权不可侵犯，非公有制经济财产权同样不可侵犯"。十八届四中全会通过的《中共中央关于全面推进依法治国若干重大问题的决定》指出，"国家保护企业以法人财产权依法自主经营、自负盈亏，企业有权拒绝任何组织和个人无法律依据的要求"。从中可以看到，两个《决定》都提到了"财产权保护"，且相互呼应。

众所周知，在我们国家，"公有制经济财产权"需要保护。那么，为什么要让"非公有制经济财产权"与"公有制经济财产权"一样不可侵犯？"财产权保护"为何那么重要？

从经济学的角度分析，市场经济的核心就是交换。没有清晰的产权，市场交换无从谈起。清晰的产权是市场交换的前提，也是实现资源最优配置的一个必要条件。

试想，如果缺乏有力的财产权保护，其后果是经济纠纷、扯皮，甚至是掠夺，那么市场主体自然就缺乏安全感，参与交易及参与劳动的积极性也将受到影响，交易成本居高不下，市场繁荣就会成为一句空话。

对此，根据经济学中著名的科斯定理，市场的真谛不是价格，而是产权。而政府最重要的工作就是明确产权，并且给予有效保护。

从另外一个角度讲,保护财产权就是保护劳动。一方面,财产是各种形式的劳动所得,其实投资也是一种劳动,是脑力劳动。

另一方面,只有投资资本获得保护,良好的营商环境让企业获得发展,才会有更多的用工需求,劳动者的价值和权益才有保障。这也是经济越发达,职工工资往往越高的原因。

所以,如果财产权不能获得有效保障,人们便失去投资和劳动的积极性,经济社会也就失去了前进的动力。

对于"财产权保护",我们过去曾走过一些弯路。近年来,政府在财产权保护方面取得了长足的进步,但仍有诸多不足。特别是由于国企垄断、法制不健全以及官员的权力缺乏约束和监督等因素,私企财产权仍然容易受到侵害。

在现实中,有的民营企业家因为受侵害失去了财产,有的人还因此失去了人身自由。

正是在这样的背景之下,通过全面推进法治,通过对公权力的约束实现对财产权的有效保护,特别是让"非公有制经济财产权同样不可侵犯",成为深化改革的必然选择,是政府当前最重要的工作之一。

# 转型升级与经济危机仅有一步之遥

来自市场或环境变化的倒逼,企业命运有两种可能:被逼"死"和被逼"奋发"。对于一个国家或地区的经济而言,面对市场或环境变化,其也面临两种"结局":一是,经济硬着陆;二是,经济软着陆,并实现转型升级。至于"结局"如何,将取决于广大企业主、投资者在逆境中的信心。这也是当前推进改革,释放活力的重要意义。

2014年2月,温岭市当地政府开展了一场针对鞋企的整治风暴,关停鞋企数千家。① 其背景是,2014年1月14日,温岭当地大东鞋业发生大火夺走了16人的生命。

制鞋业是温岭市的支柱产业之一。在当地,在民房内开办鞋作坊,已有20多年的历史。为此,在此前没有任何通知、提醒或征兆的情况下,不顾企业和员工的生存及出路,关停鞋企数千家这场"运动式"监管,负面影响显而易见。

据称,当地政府希望通过整治,"倒逼"企业转型升级。这个理由倒是听上去"很美"。

根据经济学理论和逻辑,转型升级应该是优胜劣汰的过程,是一个阵痛的过程,是靠"倒逼"而来。为此,对于一些崇尚自由市场的学者和政府官员,或许会被上述"倒逼说"所"蒙蔽"。

不过,需要指出的是,尽管都是企业倒闭,由政府以"运动式"监管引发,和由市场竞争而出现的优胜劣汰,肯定截然不同。如果用行政手段关闭一批企业就能实现经济转型升级,那中国经济早升级了。

---

① 新华网山东频道2014年2月20日,《浙江温岭数千鞋企强制关停》。

其实,这种突如其来的整治风暴,不但升不了级,还可能引发企业和民众对政府的信任危机。他们肯定会抱怨和批评政府部门此前的失职或渎职,如此一来,会影响企业和民众创业的热情和信心。

退一步讲,即使是市场优胜劣汰引发的企业倒闭潮,也不一定能"逼"出经济转型升级。

目前,中国经济正遭遇天花板,由于材料成本上涨、土地涨价、用工荒、环保要求提升等方面原因,不少传统制造业企业压力很大。对此,一些经济学者会提出,政府不必管哪些企业该倒闭,当前的处境和现状是倒逼企业转型升级的契机和必然阶段。

我承认,转型升级,需要靠市场这只"看不见的手",而不是靠口号,或补贴或行政干预。可以说,没有企业倒闭,就谈不上经济的转型升级。一些企业倒闭,说明其相对没有效率,没有市场竞争力。

但问题是,来自市场或环境变化的倒逼,企业命运有两种可能:被逼"死"和被逼"奋发"。

对于一个国家或地区的经济而言,面对市场或环境变化,其也面临两种"结局":一是,经济硬着陆,即经济危机。经济波动很大,将对经济和社会稳定带来巨大影响,后果难以预料。二是,经济软着陆,并在重重压力下,企业优胜劣汰,实现转型升级。

上述两种"结局",会有一个临界点,是一个量变到质变的过程。也就是说,转型升级与经济危机仅一步之遥。至于"结局"如何,将取决于广大企业主、投资者在逆境中的信心,取决于企业的活力和抗压能力。

不言而喻,营商环境越好,企业越有活力,逆境倒逼的"结局",越有可能落在临界点上方。这也是此轮改革的重要意义。

话说回来,在当前的背景下,更容不得政府部门干预市场,而随意性执法、随意性政策,甚至"运动式"监管显然不可取。

# 国产厨电一枝独秀的启示

> 一个有意思的现象是,我们发现,不同的家用产品国产品牌的市场占有率排名几乎与行业管制,及面向民营资本的开放程度和开放时间相吻合。

查阅网上相关资料发现,在国内,国产厨房电器的市场占有率一直非常高。这背后的原因是什么呢?

近年来,除了房子外,汽车、手机、电视机、洗衣机、油烟机等都是现代小康家庭的标配。

需求意味着商业机会,意味着产业发展空间。在这些产业里,国产品牌的市场占有率先后排名大致为:油烟机、电视机或洗衣机、手机、汽车等。

比如,2013年,国产油烟机的市场份额为近90%;国产彩电行业的份额为近80%;国产品牌手机的市场占有率为70%左右;而自主品牌轿车的市场份额仅为20%左右。

一个有意思的现象是,我们发现,这个排名几乎与行业管制,及面向国内民营资本的开放程度和开放时间相吻合。

一直以来,国家对汽车制造行业的管制无疑是最严的。公开信息显示,目前仍被外资品牌主导的汽车产业一直到21世纪初才向国内民企开放。

1999年,时任国家计委主任的曾培炎视察吉利集团,被称为"汽车狂人"的吉利集团创始人李书福对他说:"请国家允许民营企业家做轿车梦。如果失败,就请给我一次失败的机会吧。"

两三年后,在我国加入世界贸易组织前夕,吉利豪情才终于登上汽车生产企业产品名录,吉利集团成为中国首家获得轿车生产资格的民营企业。不过,一直到现在,汽车行业的审批和准入门槛还是非常高。

除了汽车行业,民营企业的手机制造之路也颇为曲折。早在 2002 年,浙江民营企业奥克斯斥资 10 亿元进入手机业,由于没有手机生产牌照,企业一直靠租别人的牌照进行生产。2004 年 10 月,为了拿到手机牌照,奥克斯还把主管部门告上法院,欲与其对簿公堂。

相比之下,厨房电器的政策环境一直较为宽松,基本上没有什么行业壁垒可言。

不否认,不同产品的国产品牌占有率排名还与产品技术要求及国内消费者"崇洋"的心理有关。比如,汽车、手机一般会带出门,而厨电不会,因此,受"炫富""崇洋"的消费心理影响最小。另外,不同产业的技术门槛及对技术的要求确实有很大的差别。

不过,从上述数据可以看到,这当中,行业的开放程度肯定是一个不可忽视的重要因素。这是因为,开放的市场带来更为充分而有效的竞争,从而使市场机制发挥作用,在你追我赶、优胜劣汰中,一个行业的本土企业的整体研发能力和竞争力将得到提升。

从这个角度来看,厨电一枝独秀带来一个重要的启示,即"放松管制"及"开放"对产业发展、经济发展有着至关重要的意义。

# 以房养老与基本养老不矛盾

> 基本养老是一项强制实施的制度；以房养老则是一种可选择的商业保险产品，也可以说是一种金融理财产品。这两者并不矛盾。

一段时间来，以房养老引发了很多讨论，甚至非议。

以房养老，狭义上讲，是指老年人可把自家符合条件的住房抵押给保险公司，定期获得养老资金，即保监会提到的"住房反向抵押养老保险"。事实上，广义上讲，靠所拥有的房子养老，就可以称为"以房养老"。方式有很多，比如，卖房养老、租房养老、缩房养老等。

某财经网站曾经的一项调查显示，有 75.17% 的受访网友表示，不支持以房养老；仅有 15.77% 的受访网友表示支持。

分析其中原因，我认为，很多人对"以房养老"存在误解。

在很多人看来，个人的基本养老应该是政府的一项制度，也是责任。为此，不少市民甚至担心，政府会否在养老金上出现缺口，借助以房养老保险，打老百姓手头房子的主意，来逃避对老年人养老的责任。

其实，这两者并不矛盾。基本养老是一项强制实施的制度；狭义上的以房养老则是指一种可选择的商业保险产品，也可以说是一种金融理财产品。随着我们国家日益富强，国家应该通过基本养老保险制度，来保障老年人的基本生活。与此同时，若政府允许"住房反向抵押养老保险"试点，老年人则可以考虑买这类保险，在基本养老保障的基础上，让老年生活过得更宽裕。

据上述调查，对于以房养老，57.55% 的受访网友担忧房产的评估价格不合理。其实，这种担忧并没有必要。考虑到房产价格波动的风险，办理抵押事项，银行或保险机构对房产的评估价格往往比现价低一些。但抵押时,合同上一般会声明银行或保险机构的权益金额。房产拍卖后,超出该金额的部分,归房产的所有者。

目前的各类抵押贷款一般是如上操作。对于"住房反向抵押养老保险"我没看到具体产品条款。但这类保险产品的时间跨度这么大,保险机构肯定也无法准确预测房价走势,所以,不可能按房子现价的全额来办理保险,尽管超出的部分可能会成为老人的遗产。

当然,老人有时候自我保护能力弱一些。若合同条款有失公平,监管部门务必介入,以避免老人被忽悠。

可以预见,中国将逐渐步入老龄化社会。如何能让老人"老有所养",并让有条件的老人放心花钱,将对当前的经济有着至关重要的影响。所以,不管是养老制度,还是养老保险或相关理财产品,相关监管部门一定要做好监督工作。

# 奶粉准入门槛不是越高越好

> 门槛和审查标准意味着权力。因为利益驱动和思维惯性，国内很多政府部门对事前审批、审查从来不缺乏热忱。所以，不必过多地怀疑国内的准入和审查标准。

2014年5月，有关部门公布了82家婴幼儿奶粉生产企业（以下简称"奶粉企业"）名录。[①] 这标志着奶粉新政的工作告一段落。

2013年6月，食品药品监管总局等九部门发布了《关于进一步加强婴幼儿配方乳粉质量安全工作的意见》。同年12月，号称"史上最严"的新规《婴幼儿配方乳粉生产许可审查细则》发布，要求2014年5月之前完成对现有婴幼儿配方奶粉生产企业的换证审查工作。

从公开的信息来看，奶粉企业已经为此次新政花了不少钱。据国家食品药品监管总局食品安全监管一司负责人表示，此次企业方面共投入近35亿元。

与此相对应的是，国内婴幼儿奶粉行业的门槛因此也提高了很多。

从经济学的角度来看，行政手段造成的行业门槛上升及集中度增加，势必会减弱行业的竞争强度和竞争充分程度，这可能会推高奶粉价格。与此同时，奶粉企业高昂的"改造成本"也可能会转嫁到奶粉的价格上。

尽管如此，相比价格，消费者更关心的是奶粉的质量安全。有关部门称，希望此次奶粉新政能提升国产婴儿奶粉的质量安全。但问题是，提高婴幼儿奶粉行业审查和准入门槛是否真的有这样的效果？

---

① 新浪财经2014年5月30日，《食药监总局公布82家婴幼儿乳粉生产企业名录》。

准入门槛和产品质量其实是两个概念。目前,国内的婴幼儿奶粉产品质量标准并没有问题。2010 年版的奶粉审查细则和准入门槛也已经不低。

婴幼儿奶粉是个特殊的行业,其关乎婴儿的健康。不否认,适当的前置审查和许可制度是需要的。但是,这类产品其实没有什么科技含量,因此,重要的还是企业的诚信和责任心。

实践证明,奶粉事件、奶粉质量也与企业大小无关。因此,在已有产品质量标准的基础上,事前许可审查和行业门槛的标准也不是越高越好。

根据上述《细则》,原料为生牛乳的企业,其生牛乳应全部来自企业自建自控的奶源基地。《细则》还提高了生产设备的空气质量要求,规定了清洁作业区动态微生物控制、压差、换气次数。《细则》甚至对实验室从事检测人员的学历提出了要求。

事实上,门槛和审查标准意味着权力。因为利益驱动和思维惯性,国内很多政府部门对事前审批、审查从来不缺乏热忱。所以,不必过多地怀疑国内的准入和审查标准。

从近几年的奶粉事件来看,并不是因为事前的许可审查标准低,问题往往出在对制度、标准的落实上,出在过程监管不力上。因此,对于此次新政的做法效果,有待商榷。

公开消息显示,目前未通过审查、申请延期和注销的 51 家企业,将由于新政面临停产。

企业停产意味着经营者要遭受巨大损失,很多人可能因此失业。关键的问题是,从公开信息来看,这些企业不是因产品质量不达标,也不是因市场优胜劣汰被洗牌,而是因为没有及时换到新颁发的生产许可证而停产。这在一定程度上,简直是对新政的讽刺。

值得一提的是,过于严格的事前审查、换证,将带来寻租和腐败空间。所以,我们难免产生这样的担心:这种"出了问题,就提高行业门槛和许可审查标准"的做法是否属于懒政,是否存在利益驱动的因素?

目前,国内经济改革正在加速推进。开放市场,降低准入门槛,轻事前许可和重过程监管,成为本轮经济改革重要的原则和方向。从这个意义上讲,奶粉新政所采用的方式也可能有违改革的方向和精神。

# 警惕贬值预期带来的经济风险

这些年,人民币升值的预期,使资本不断流入,并进一步给升值带来压力,形成"正循环"。贬值预期的作用则刚好相反。中国经济目前仍严重依赖投资拉动。因此,若各方普遍认为人民币进入贬值周期,必将引发资本恐慌性外逃,这将对中国经济非常不利。若人民币汇率出现拐点,中国经济增长的拐点也可能出现。

2014年2月以来,人民币兑美元汇率呈加速贬值态势。

对于普通老百姓而言,人民币贬值最直接的影响是,人民币的购买力下降,赴境外旅游、购物或留学的费用上升。

当然,一个国家货币(即本币)汇率变化的意义和影响不会停留于此。本币汇率与进出口、资本流动,乃至一个国家的经济增速关联度都不小。

说到人民币贬值的话题,很多人会想起20世纪80年代的"广场协议"。

当年,在"广场协议"之后,日元币值连续多年升值,引发日本经济和资产泡沫。后来,日本经济放缓,伴随日元贬值汇率下降,升值预期减弱,资本外逃或外流,并成为经济危机的导火索。与日元汇率出现拐点相对应的是,日本经济此后进入长时间的衰退期。

对比之下,不能否认,目前的中国经济,与当年日本的情况似乎有些"神似"。此前,中国经济已经连续30多年高增长。近些年,人民币兑美元的汇率也一路攀升。在升值的预期下,全球资本涌入中国投资、套利,因而也进一步推动人民币升值和中国经济的增长。

而当前,中国经济增速开始放缓。在此背景下,人民币汇率的波动,自然受到各方的关注。

在我看来,关于人民币波动暂时无需过度解读和猜测。一,人民币汇率浮动区间扩大,是由央行主动做出的决策;二,中国汇率制度改革在推进,但当前的人民币汇率及预期,都是可控的。换句话说,人民币汇率并非自由浮动,人民币的贬值,是央行有意或默许之下出现的。

人民币贬值一定程度确实可以挤出外贸水分、抑制楼市投机,同时可以提高中国制造在全球的竞争力。不过,考虑到本币汇率与经济的复杂关联,"广场协议"之鉴,让我们不得不对人民币单边持续下调,多留一分警惕。

特别是在经济增速放缓的大背景下,央行对于人民币汇率的调节和相关政策,务必要注意人民币贬值预期普遍形成所带来的经济风险。一旦阴错阳差,弄巧成拙,后果不可估量。

《伟大的博弈》是一本讲述了华尔街 350 年历史的书,书中提出:"经济周期是人类本性所导致的必然结果。当经济好的时候,人们对未来过于乐观,盲目扩张,该裁减的冗员没有裁减。于是,坏年景很快就来了,人们又变得过于悲观,这样周而复始,循环往复。"

一定意义上讲,经济周期体现人们内心的变化和预期。若人民币汇率出现拐点,中国经济增长的拐点也可能出现。

这些年,人民币升值的预期,使资本不断流入,并进一步给升值带来压力,形成"正循环"。贬值预期的作用则刚好相反。中国经济目前仍严重依赖投资拉动。因此,若各方普遍认为人民币进入贬值周期,必将引发资本恐慌性外逃,这将对中国经济非常不利。

# 只有减支,才能真正减税

> 经济下行,企业利润下降,导致政府税收下降。但是,倘若政府的运作成本没有减少,总体而言,就必须维持原有的税收额。在经济降温时,政府更想"有所为"。"有所为"就自然需要钱,所以,在这个特殊的经济时期,政府应制定新政大力减少税负,来对冲各级政府增加税负的冲动。

"油价不能再跌了,要不就只剩下税了。"2015 年 1 月,成品油消费税上调被人吐槽。

半个月时间里,财政部、国家税务总局非常罕见地连续三次上调成品油消费税,每升税额涨幅超 50%,引发各界争议。[①] 很多人抱怨国内老百姓为何难以分享国际油价下跌带来的福利。

事实上,若结合当前经济背景等因素展开分析,我们可能会得出一个现实的结论:税负上升背后的深层次原因与当前经济形势有关。

## 油价上涨并不能抑制汽油消费需求

经历 2014 年 11 月 28 日、12 月 12 日及 2015 年 1 月 12 日三次调整,国内成品油消费税已由每升 1 元提到 1.52 元。对此,有关部门的解释是"合理引导消费需求,促进节约利用石油资源,减少大气污染物排放"。

但问题是,提升税负并不能抑制老百姓的汽油消费需求。因为汽油消费属于相对"刚需",价格弹性比较低。

---

① 新浪财经 2015 年 1 月 14 日,《成品油消费税 3 连涨争议:油价再跌就只剩下税了》。

公开数据显示，2003 年年初，国际市场原油价格为 28 美元/桶，此后一路上升，到 2008 年年初突破 100 美元/桶。在 2008 年 7 月，国际油价突破 145 美元/桶。相对应的是，2003—2008 年的六年里，国内汽油价格以更快的速度上涨。

不过，那一段时间里，国内的汽车保有量及汽油消费需求不是下降，而是快速上升。在 2003 年，国内汽车保有量为 2400 多万辆；到了 2008 年，数量已经超过 5000 万辆。

由此可见，成品油消费税连续上调其实很难抑制汽油消费需求。据此分析，其最重要的因素应该是"政府需要钱"。

### 经济下行，政府更想"有所为"

"政府需要钱"与经济下行的关系，可以从两个方面进行分析。首先，经济降温，企业利润可能下降，导致政府税收下降。但是，倘若政府的运作成本没有减少，它就必须维持原有的税收额。对于企业和个人而言，只能是承担更加沉重的税负。

数据显示，2014 年 1—10 月累计，全国财政收入比 2013 年同期增长 8.2%；2014 年 11 月全国财政收入较前一年度同期增长 9.1%。这个增速，明显大于当时国内的经济增速。

其实，在现实中，国内的税收不是完全严格征收的。在私底下，一位税务官员曾向我坦言："如果上级部门下达的征税任务完成了，就松一些；否则，就必须全力以赴。"

为此，当经济降温时，人们就会更加感觉到"政府需要钱"，税收趋向严格。可能已有不少市民感觉自己税负增加。

这个情况，在温州或可以得到较为明显的实证。近三四年，受房产降温、借贷危机、企业外迁等因素影响，温州经济降温明显。不过，当地多位企业主对我表示，税务征收趋向严格，甚至有企业曾遭遇税务部门"提前缴纳次年税收"的要求。

其次，在经济降温时，政府更想"有所为"。"有所为"就自然需要钱，所以，上述借助国际油价下跌上调成品油消费税的做法，便不难理解了。

值得一提的是,近年来的增值税改革,其主要目的是强化税收管理,增加税收刚性。增值税改革减少了企业避税的空间,对于不少企业而言,客观上也是增加了税负。

**税负增加,将进一步影响经济**

纵观中国经济史,经济下行常会与"税负增加"相行相伴。从历史上看,增加税负的后果往往不容乐观。

税负增加的负面影响是显而易见的。一方面,其降低了老百姓的可支配收入;另一方面,其压缩了企业的生存和营利空间。这将抑制企业的活力,降低消费需求,结果可想而知。

事实上,若政府减少税负,长远来看,往往反而会带来总税额的增加。其中的逻辑,与"免费开放的西湖"相似。尽管西湖免费开放,造成杭州财政损失。但是,西湖因此吸引到不计其数的游客,餐饮、住宿等旅游消费总收入大幅增加,由此带来的税收增加远大于门票上的损失。可以说,这是一笔非常划算的经济账。

当前,中国的核心问题是,内需不振,管制过多,市场化不够,对政府及官员的约束力度不够,以及私有产权保护不够。

对此,2013年以来,党的十八届三中全会和四中全会分别通过了《中共中央关于全面深化改革若干重大问题的决定》《中共中央关于全面推进依法治国若干重大问题的决定》。

在此背景下,在这个特殊的经济时期,政府应制定新政大力减少税负,来对冲各级政府增加税负的冲动。

如果确实财政压力大,政府应该大力减少开支;同时,也有必要通过竞争性国企的民营化等改革,来增加财政收入。

在我看来,若能由于"政府需要钱"倒逼国企改革,并加快竞争性国企民营化,这确实是一件好事。

# 存款利率市场化不是当前经济良药

> 企业当前的贷款利率居高不下的原因,与存款利率是否市场化无关。目前来看,放开存款利率管制,确实可以增加民众收入,但并不能降低企业当前的贷款利率。在此背景下,这项改革的优先程度应该低于其他改革。

一段时间来,推进利率市场化,放开存款利率管制的呼声一直很高。[①]其意义理论上主要有两个方面:一是提高老百姓的储蓄收益,增加民众的收入;二是通过利率市场化,降低企业的贷款利率。

不过,我认为,企业当前的贷款利率居高不下的原因,与存款利率是否市场化无关。目前来看,放开存款利率管制,确实可以增加民众收入,但并不能降低企业当前的贷款利率。

让人担心的是,在当前,若存款利率市场化推进过快,将大幅度压缩银行的利润,可能导致众多银行倒闭,成为经济危机的导火索。

为此,存款利率管制需要放开,但不宜过快。

## 利率市场化短期内无法输血实体经济

长时间里,国内银行业利润一直非常丰厚,被认为是借助垄断"榨取"了实体经济的收益。

目前,银行的贷款利率已经相对市场化,所以,其垄断主要体现在存款环节。

为此,有些学者寄希望于,放开存款利率管制,把这些利润转给实体

---

[①] 新华网 2014 年 3 月 11 日,《周小川:存款利率放开可能在最近一两年实现》。

企业,提振经济。但问题是,在当前这个特殊的经济阶段,银行吐出来的这些利润,不会转到实体经济,而是还给了储户。

其背后的原因是,贷款利率已相对市场化,其价格取决于资金的供给和需求,与存款利率关系不大。不否认,存款利率放开管制后,激烈的竞争会迫使银行提升效率,降低管理成本,但这需要一个过程,短期内对实体经济作用有限。

被认为是"客观上推动了存款利率市场化"的余额宝很火。分析其所带来的影响有三个方面:一是银行利润减少;二是储户收益增加;三是实体企业的贷款成本并没减少,或许还略微增加。

同样的,若用行政手段放开存款利率管制,大致也是如此。主要的正面影响,也体现在广大民众收益的增加。当然,比起余额宝,其影响力度和强度会大得多。

## 目前放开管制可能导致经济危机

谈及银行倒闭的话题,一些朋友会说"国内的银行就该倒闭几家,这个行业才会优胜劣汰,对于资源的配置,才更优化、更有效率"。对此,我深感认同。

不过,存款利率市场化改革确实是一剂猛药,推进过程务必谨慎。

从国外经验来看,以阿根廷为代表的拉美国家利率市场化改革不利,当时经济几乎全军覆没;韩国放开银行利率管制,导致经济形势恶化,后重新实施管制,再又择机放开;美国、日本的利率市场化改革小心推进,虽算成功,但也有很多中小银行破产。

说实话,国内银行绝大部分都是大型国有企业。长期以来靠着垄断"养尊处优",效率或竞争能力不敢恭维。在国内目前经济背景下,若存款利率市场化推进过快,过度的竞争,很可能造成一批银行倒闭。

由于银行业关乎经济和金融稳定,再加上国内民众普遍对银行倒闭缺少心理准备,如此一来,很可能引发经济危机。

相比之下,以互联网金融这种温和方式推进存款利率市场化,显然比直接放开存款利率管制更靠谱。

因此,在我看来,既然存款利率市场化短期内无法输血实体经济,同时,又有互联网金融在发展。在此背景下,这项改革的优先程度应该低于其他改革。

当前,中国的经济改革已经非常迫切,任务也非常多。若真有决心,有很多其他方式可以增加民众收入,比如通过打破各种垄断降低生活成本、发展证券市场、减税等。

# 阿里在美上市给杭州带来什么？

> 分析阿里巴巴能从一家小企业做到今天的规模，不是靠补贴、不是靠政策倾斜，而是与营商环境，与政府简政放权、行政效率息息相关。为此，阿里巴巴的成功对于杭州的经济发展有着重要而深刻的启示意义。

2014年9月19日，杭州本土的互联网公司阿里巴巴集团在纽约证券交易所正式挂牌。

一段时间来，阿里巴巴集团及其创始人马云的新闻铺天盖地，其一举一动都备受全球瞩目。马云的一句"做'杭州佬'挺好"被国内外数百家媒体和网站报道、转载。而这句话也让很多杭州人备感亲切和自豪。

那么，作为融资额有望全球第一的IPO项目，阿里巴巴在美国上市会给杭州带来什么呢？我认为主要有三个方面。

## 一、这是对杭州营商环境最好的宣传

当阿里巴巴上市的新闻成为全球各大媒体的头条时，作为其总部所在城市，杭州在国际上也跟着名声大噪。

很多时候，讲起杭州，我们会说到西湖、运河。不过，以后向国外的朋友，特别是财经领域人士介绍时，你可以谈谈马云，谈谈阿里巴巴，还可以说是"马云的老乡"。

作为一家杭州土生土长的企业，阿里巴巴从一个小公司发展到如今2000亿美元左右市值的世界级大公司。此次IPO过程中，全球的投资者把目光投向阿里时，免不了会关注其总部所在地。所以，阿里此次IPO无疑是对杭州投资和营商环境最好的宣传。

说实话,尽管杭州曾连续多年被《福布斯》杂志评为中国大陆最佳商业城市及"最具幸福感城市"第一名,但是,对于杭州营商环境的诠释,阿里巴巴这样的成功案例肯定更具有说服力。

因此,可以说,阿里巴巴在上市前的环球路演,也是在帮杭州这个城市做全球性的推广。

### 二、阿里上市造富效应将一定程度拉动杭州消费

上市往往伴随着造富效应,此次阿里在美国纽交所上市也不例外。根据阿里巴巴的公开文件显示,1999 年创立以来,阿里已经以股票期权和其他股权奖励的形式,向现任和前任员工总计发放了 26.7% 股份。对此,业内人士预计,阿里巴巴此次 IPO 可直接为阿里管理层、员工带来超过 400 亿美元的巨额财富。而这些人多数工作、生活在杭州。

可支配财富的增加,自然意味着消费的增加。可以预见,随着阿里巴巴上市,这 400 亿美元的巨额财富肯定对杭州本地的消费有提振和拉动作用。比如,有的员工会套现买车、买房,至少请客吃大餐是免不了的。

"杭州是一个造梦的地方,也是个能够梦想成真的地方。"这是前几天马云说的一句话。从长远来看,阿里巴巴上市及马云的成功将激励更多杭州本土的创业者努力前行。

从这个意义上讲,除了直接给阿里的投资者、员工带来财富,阿里上市对于本土其他创业者是一种精神引领,是一次间接的造富效应。这个效应或将在未来慢慢显现。

### 三、阿里上市对于杭州的经济发展有着重要而深刻的启示意义

绿城创始人宋卫平曾公开呼吁要关注中小民营企业。他说:"中小企业是婴儿,没有中小企业哪有大的企业?"

而同样作为杭州企业,阿里巴巴在美上市,算是对宋卫平讲话的呼应。

分析阿里巴巴能从一家小企业做到今天的规模,不是靠补贴、不是靠政策倾斜,而是与杭州政府打造的宽松、公平的营商环境,与政府简政放

权、提升行政效率息息相关。为此,所谓"没有最好,只有更好",阿里巴巴的成功对于杭州的经济发展有着重要而深刻的启示意义。

特别是在当前,在改革不断推进及经济放缓的大背景下,摆在杭州眼前的一个重要课题是:如何以经济改革为契机,以阿里为鉴,吸取宝贵经验,多听取中小企业的声音,进一步优化和提升营商环境、投资环境,让更多的本土中小企业成为"下一个阿里巴巴"?

# 楼市篇

未来一两年里,楼市已经很难有机会。房地产业相当于"火车头"的角色,涉及的产业链很长。若这个"火车头"不跑了,后面一系列产业会受到严重影响。

所以,若楼市出现问题,政府一定会想办法救市。尽管如此,管理层并不愿意看到房地产泡沫再次被吹大,此前"经济去房产化"的思路并没有变化。

作者认为,房价暴跌本身不会直接给多数老百姓带来好处。但房价下跌给管理层带来的紧迫感和危机感,有利于加快改革的进程,以释放新的经济活力。因此,房价下跌最大的好处是倒逼改革。

# 为何"中国大妈"唯独在楼市中赚钱？

纵观国内众多的投资领域,你会发现,被媒体称作"中国大妈"的国内非专业投资者群体似乎大多仅在楼市中赚到钱,尽管不断吹大的楼市泡沫一直广受诟病。这其中的原因是什么呢?

2014 年"国庆节"之后,很多城市的楼市交易量快速上升。交易量上升说明市场分歧加大,一些人开始心动。这也是情理之中的事,因为传统观念里,很多人对楼市投资一直有着特殊的情结。

另外一个重要原因就是,纵观国内众多的投资领域,你会发现,被媒体称作"中国大妈"的国内非专业投资者群体似乎大多仅在楼市中赚到钱,尽管不断吹大的楼市泡沫一直广受诟病。

这是个挺有意思的现象。为何中国大妈唯独在楼市中赚钱呢?

总结这个群体的投资风格,大致可以归纳为"追涨不杀跌",即在赚钱效应下,她们普遍喜欢追涨;但若被套牢,她们并不喜欢杀跌止损,会一直等待解套。不仅如此,有时她们还可能在投资品下跌过程中继续抄底。比如,2013 年 4 月国际金价大跌,中国大妈疯狂抢金,一战成名。

按理说,这种风格的投资往往不会长期持有,小有盈利便可能获利了结。不过,和其他领域不同,楼市可谓是"傻瓜式"投资,没有严格意义上的"换仓"概念,往往普涨普跌。加上很多人买楼是自住或留给子女,这些因素都让其选择了长期持有。

所谓"时势造英雄",在过去一二十年,楼市普遍涨多跌少,且涨幅令人惊叹。因此,中国大妈的上述投资风格"注定"了她们要在楼市中赚大钱。无怪乎,前些年,"温州太太"炒房团普遍比她们办企业的老公还赚钱。

不过,这种投资方式在国内其他投资领域可能就行不通了,特别是在股市。在股市里,选股并不是件容易的事。同时,这些年股市总体表现不尽如人意,上述投资风格让很多普通投资者亏得底朝天。

上述现象给我们一些启示——

第一,"追涨不杀跌"现象背后是这类投资者缺乏分析、研究和判断能力。这样的情况下,投资和赌博其实没有太大区别。对于投资者而言,一定要搞清楚自己的投资主要靠的是分析,还是主要靠的是运气。

第二,长线投资比短线投资往往更靠谱。不过,与中国大妈投资楼市不同,对于大多数投资品,长期持有需要有信念和信心支撑,而信念和信心主要来自于严谨的观察和研究,也有可能来自消息(比如股市里的内幕消息)。

第三,市场好的时候,人人都能赚钱。所以,不要因为某个阶段赚了钱,就以为自己是"楼神"或"股神",对市场要有敬畏之心和风险意识。

第四,不熟不投资。相比金融、黄金、大宗商品等领域的投资,普通老百姓显然对房子更熟悉一些。他们知道什么样的房子更宜居、更受欢迎、更容易出手,这对他们的房产投资多少有些帮助。

# 楼市"拐点论"其实只能靠猜

> 投资不能基于对拐点的判断,更多的是基于对基本面,对风险、机会的综合评估和逻辑分析。只能说,面对风险过高的机会,一般建议放弃。这也是本文想与读者分享的投资之道。

2014年3月的某一个深夜,在杭州武林广场附近一个写字楼里,我和一个地产商闲聊一个话题:楼市是否将迎来拐点?

伴随着经济增速回落和人民币贬值,一时间,这个话题热度空前。

所谓拐点,是指事物的发展趋势开始转折的地方,这是一种客观的经济现象。不过,需要指出的是,任何经济学理论或模型,以及经验都无法准确预测拐点。即使事后要找到所谓的拐点,也需要相当长时间的观察。

因为一方面,政策变量的存在。另一方面,再大的泡沫不意味着马上会破裂;被严重低估的事物也不一定马上能价值回归。

以楼市为例,拐点是否出现取决于很多因素,比如宏观经济走向、人民币汇率走向、人口政策、税收政策等等。这其中,最大的变量是政策变量。特别是目前经济改革正在推进,政策变量将对楼市的走向产生重大影响。

记得那天深夜,一个多小时的时间里,这位地产商不断地列举和分析政府不想楼市下跌的手段、理由。

不过,我也提醒他,目前经济改革正在推进,中央已经明确表态要改变过去依赖投资和短期刺激拉动的增长方式。也因此,政府对楼市的态度将十分微妙。

在这样的背景下,若要预测"拐点",至少先要推测到政策变量。

不否认,经济政策的出台有其内在的经济逻辑和规律。为此,人们可以通过逻辑分析和推理,对政策进行预判。但问题是,考虑到各种利益、各种势力的博弈等错综复杂因素的存在,这种预判不一定准确。

退一步讲,即使能准确预判政策,也无法知道政策出台的时间节点。为此,楼市拐点也只能靠猜。

事实上,宏观经济、股市、黄金等其他经济领域的"拐点论"也是如此。

为此,投资不能基于对拐点的判断,更多的是基于对基本面,对风险、机会的综合评估和逻辑分析。只能说,面对风险过高的机会,一般建议放弃。这也是本文想与读者分享的投资之道。

说到这里,既然"拐点"是无法预测的,为什么这么多人热衷于发布"拐点论"呢?我认为主要有三种类型的原因。一是以此办法催促政府采取救市行动。二是"拐点"是有吸引力的,作者希望以这种相对夸张的说辞提示风险或机会。从这个意义上讲,尽管不要轻信各种"拐点论"本身,有些"拐点论"背后的逻辑或许值得一读。三是"拐点论"容易引人关注。比如,英大证券首席经济学家李大霄经常把"历史性的底部"挂在嘴边。先不说是否猜对,至少他已经因此出名。

# 放开楼市限购已逐渐成为共识

　　　本文写于 2014 年 6 月,预判楼市限购即将松绑,其大逻辑为:众所周知,地方政府是国内房价上涨的最大受益者之一。所以,对于"取消限购",一些地方政府,特别是房价下跌幅度比较多的城市早已迫不及待。不过,所谓"枪打出头鸟",以国人的传统观念,大家都不太愿意当这个"出头鸟"。既然呼和浩特这只"出头鸟"已经出现,那么其他省市应该会很快效仿。

　　2014 年 6 月 20 日,内蒙古呼和浩特市政府办公厅发布规定,购房时不再要求提供住房套数查询证明。至此,呼和浩特成为全国首个正式发文取消楼市"限购令"的城市。

　　在此之前的一段时间里,陆续出现一些城市放开限购的传闻或消息,但都以"否认"或"收回通知"告终。所以,此次呼和浩特"放开楼市限购"是一个重要的信号。

　　事实上,伴随着一些城市楼价的止涨甚至下跌,出于经济形势或利益的考虑,各级政府对楼市"限购令"的态度都正在发生微妙的变化。另外,支持"发挥市场在资源配置中的决定性作用"的一些媒体、官员及学者群体原本就反对"限购令"这种做法。所以,他们会认为取消限购是纠错。由此看来,尽管具体时间节点很难预测,但根据目前的房价形势,放开楼市限购已逐渐成为共识。

**"出头鸟"出现,其他省市必将效仿**

　　关于楼市限购的规定,在国务院层面,比较重要的有两份文件,分别是,2010 年 4 月发布的《国务院关于坚决遏制部分城市房价过快上涨的通知》及 2011 年 1 月发布的《国务院办公厅关于进一步做好房地产市场调控工作有关问题的通知》(俗称"新国八条")。

从文件的措辞和表述来看,限购的目的是"控制和稳定房价"及"遏制房价过快上涨",而不是让房价下降。同时,该做法及其背后逻辑有一定的计划经济色彩。

据国家统计局 2014 年 6 月公布的数据显示,5 月份 70 城新房价格仅 15 城环比上涨。据这个形势,既然一些城市的房价已被遏制住,那么按当时中央出台"限购令"的逻辑,现在应该是其伺机允许取消的时候。所以,我在想,呼和浩特取消"限购令"算是得到了中央的默许。

至于地方政府,楼市一直是地方经济的重要抓手。同时,众所周知,地方政府是国内房价上涨的最大受益者之一。所以,对于"取消限购",一些地方政府,特别是房价下跌幅度比较多的城市早已迫不及待。不过,所谓"枪打出头鸟",以国人的传统观念,大家都不太愿意当这个"出头鸟"。既然呼和浩特这只"出头鸟"已经出现,那么其他省市应该会很快效仿。

其实,作为当时一个临时政策和措施,若中央决定取消楼市限购,外界阻力也不大。比如,对于经济政策最容易给出反对声音的经济学界,他们很多人原本就认为限购违背了市场规律,是错误的做法。之前,他们的声音可能因"房价过快上涨"而被掩盖。另外,相比"限购",他们也许更反对"房价过快上涨"。

不过,随着楼市形势发生变化,这个群体反对限购的态度也变得更加坚决和彻底。值得一提的是,在国内经济政策领域有重要影响力的著名经济学家吴敬琏先生 2014 年 6 月发表了文章《我一直没搞懂楼市限购》。

## 放开限购对楼市影响有限

2014 年 6 月,与某国有银行的一位朋友闲聊。他根据自己手上掌握的数据透露,目前跑路或跳楼的老板,以及银行里大部分不良贷款,都与楼市投资有关。由此可见,资金的逐利性对资金流向的影响,以及国内楼市的泡沫程度。

至于限购政策,我一直认为主要是信号意义,表明政府的态度。该政策本身对抑制房价基本无实际作用。

按照人的消费和投资心理，越买不到，他越会想买。一般的人在商场里看到商品限购，往往会更加动心。所以，在商业领域，通常说的"限购"是指商家的一种促销手段。这是饥饿营销，希望以此吸引和提升顾客的购买意愿。

从这个角度分析，政府的楼市限购即便不会是促销手段，但其确实可能会让一部分房产所有者更加惜售。所以，人们会看到，"限购令"出台后，在赚钱效应作用下，为了买房而假离婚、补办社保的家庭不胜枚举。

同样的逻辑，若楼市限购令取消，其对楼市影响也会很小，最主要的也是信号意义。一些人可能会认为这是政府救市的信号；一些人则会因政府的举动更加相信楼市拐点出现。

# 为何货币超发与"钱荒"并存？

> 本文写于 2014 年 6 月,解读当时货币超发与钱荒共存现象:房地产泡沫导致的"资金黑洞"对资金的需求是无限量的,再多的货币也不会嫌多。当货币超发越多,房产泡沫将越严重,赚钱效应将使更多的资金投入房地产,进一步吹大房地产泡沫。如此反复,这个循环会使"资金黑洞"的吸引力不断变大,吸力也变强,"钱荒""钱紧"也便越严重。

2013 年 6 月 20 日,银行间隔夜回购利率最高达到史无前例的 30%。一年之后,尽管历史可能不再重复,但"钱荒""钱紧"现象仍在继续。一个重要的佐证是,在国内,体现资金需求的贷款利率水平依然居高不下。

2014 年 6 月,央行对符合要求的部分商业银行实施"定向降准"。[①] 给外界的感觉是,这些被纳入了降准的银行似乎是"久旱逢甘露"。

但是,另外一个似乎与此自相矛盾的重要事实是,国内货币超发。数据显示,2013 年年末中国 M2/GDP 比重达到 194.52%。预计 2014 年 M2/GDP 余额将超过 200%。

对于高房价,经济学家吴敬琏先生公开表示:"房价高的根本原因就是货币超发,流动性过多,钱太多了。"

由此可以看到,中国目前处于货币超发与"钱荒"并存的矛盾局面。这其中的原因是什么呢?

答案是房地产泡沫的存在。对此,经济学家谢作诗先生将房地产泡沫导致的资金需求比作"资金黑洞",我感觉非常形象。

---

① 新华网 2014 年 6 月 17 日,《四股份制商行获定向降准》。

在房产价格上涨和泡沫化的过程中，由于资本的逐利和投机性，超发的货币中，有相当比例会被吸入房地产投资领域。

要知道，房地产泡沫导致的"资金黑洞"对资金的需求是无限量的，再多的货币也不会嫌多。当货币超发越多，房地产泡沫将越严重，赚钱效应也将使更多的资金投入房地产，进一步吹大房地产泡沫。如此反复，这个循环会使"资金黑洞"的吸引力不断变大，吸力也变强，"钱荒""钱紧"也便越严重。由此分析，当前的"钱荒"其实恰恰是此前货币超发造成的。

在这种情况下，由于"资金黑洞"的存在，超发的货币很少会流向实体经济，反而制造"钱荒"，导致中小实体企业融资难。同时，它让企业经营者变得浮躁，无心经营主业，成为扼杀中小企业的罪魁祸首。

为此，政府需要想办法堵住这个黑洞。央行要控制住货币量，通过较高的存款准备金率防止货币过量导致的房地产泡沫进一步放大，以及通胀问题。

不过，作为此前货币超发的消化期，尽管目前人们房产投资的积极性在减弱，"资金黑洞"的吸力可能跟着减弱，但"钱荒"的现象会依旧，短期可能会表现得更加明显。

因为在货币政策转型过程中，企业及经营者个人的房产资产的变现能力可能减弱。加上银行惜贷甚至可能抽贷，一部分企业会因此现金流紧张，对资金的需求也越加迫切。

上述分析，从温州经济及温州企业的近况可以获得实证。

在前些年银根宽松的环境下，受房产投机暴利的诱惑，很多温州企业及温州人在外地创办的企业，都变身成了老板们及其家人开展房产投机的融资平台。

钱都流向了房地产投资这个"资金黑洞"，当地对资金的需求因此有增无减，民间贷款利率也一直居高不下。

而如今，温州房地产价格不断下跌，一些与地产业有瓜葛的企业资金链断裂，一些老板跑路。信用危机的蔓延让"钱荒"现象愈演愈烈，造成民间贷款利率有增无减。

在这个过程中，不仅是房地产开发企业，一些实体领域的企业也可能会受到误伤,经济会受到影响。这也是"纠偏"过程带来的阵痛。

尽管如此,我认为,管理层已经没有其他选择,上述"资金黑洞"一定要堵住。因此,央行要顶住各方压力,不轻易全面降准;同时,也要防止"定向降准"泛滥问题。毕竟资本是逐利的,货币政策其实很难做到"定向"。

同时,在堵住上述"资金黑洞"的过程中,管理层要防止系统性风险的发生。为此,政府要下决心推进经济改革,努力减小经济波动的幅度。

# "房价下跌促进消费说"错在哪里？

> 很多网友只想到楼市下跌导致的资本缩水与自己无关，但没有想到房价下跌导致的收入变化，以及收入变化对生活、对消费、对买房带来的影响。

中金公司发布了一篇分析报告称"房价下跌会促进消费"，[①]获得无数点赞。

不过，我想告诉大家，这个报告的观点和逻辑是有问题的。

在中金公司的上述报告中，作者通过数据分析指出："我国房价上涨并没有促进消费增长，而当房价下跌反而可能促进消费。"

但是，不管是当年的美国、日本，还是国内近年房价下跌较多的温州，房价下跌及泡沫破裂都会严重影响消费，更甭提促进消费。

该报告与现实之所以产生分歧，我认为，问题在于上述报告所用的数据和样本不对。我们知道，若要研究"楼市下跌是否能促进消费"，需要的是，楼市下跌及其影响的相关样本或数据。比如，当年美国、日本的数据，或者现在国内温州房价下跌的相关数据。

但是，该报告用的却是近年来"国内房价上涨"及"社会消费品零售总额增速"的相关数据。众所周知，近年来国内房价一直在上涨，只是涨幅多少的问题，所以，显然无法研究和实证"房价下跌"带来的影响。

同时，另一个问题是，在上述研究报告中，作者用的数据是"社会消费品零售总额名义增速"，没有剔除CPI（居民消费价格）变化的因素。

数据显示，2008年CPI上涨5.9%，2009年则下降0.7%，相差超过

---

① 新浪财经2014年6月30日，《彭文生：房价下跌促进消费》。

117

6.5%。我们知道,CPI 的变化对消费品零售总额会有较大影响。所以,若剔除 CPI 因素再来分析,研究结论可能又有很大不同。

浏览网友们的评论,他们支持上述报告观点"房价下跌会促进消费"的主要看法是:"房价大幅下跌后,居民不再为高房价发愁,因此更敢于消费。"这个逻辑,在中金的报告中也有提及。

但问题是,消费往往与家庭资产、收入息息相关。上述观点需要一个假设条件,即"房价下跌,老百姓的资产没缩水,收入不会减少"。

显而易见,这个假设并不成立。很多网友只想到楼市下跌导致的资本缩水与自己无关,但没有想到房价下跌导致的收入变化,以及收入变化对生活、对消费、对买房带来的影响。

从当年美国、日本等经济体房价暴跌对经济的影响来看,若国内房价出现悬崖式下跌,不仅对房多一族是灾难,对普通市民一样没好处。

据人民网财经和人民网财经研究院 2014 年发布的经济学家问卷调查结果显示,对于当前中国经济发展面临的最大挑战,有合计 56% 的经济学家认为来自房地产和金融领域。

由此看来,当"中国经济不能继续依赖房地产业和投资拉动"已成为共识时,对于房地产泡沫破裂可能导致的严重影响,我们也绝不能掉以轻心。

# 房价下跌最大的好处是倒逼改革

> 若房价出现暴跌,经济因此出现恶化,很多普通老百姓即便从来没有感受过房产升值和泡沫带来的财富升值,却很可能要承受房产泡沫破裂带来的苦果。

2014 年下半年,不断有城市宣布放开或松绑房产限购。

对于这类消息,当时网上批评声一片,因为很多网友担心放开限购会提振房价。他们可能认为,房价下跌,甚至暴跌对他们有好处。其实,这可能存在一定误区。

不否认,国内房价不断上涨会带来很多问题。但我们认真思考会发现,除了一部分恰好备有现金、持币待购的家庭,房价下跌,特别是房价暴跌本身并不会直接给老百姓带来好处。

在目前国内经济中,房地产业相当于"火车头"的角色,涉及的产业链很长。比如,房地产不景气将导致楼盘的建造和开工数减少,"买涨不买跌"的心理会使民众买房意愿随之降低。在此背景下,家具、家电、建材和机械设备等各种产业会受到影响,这些产业下滑又间接影响到餐饮、服装、汽车、IT 等行业的需求。

此外,房价若出现暴跌,相关企业将减少广告投放,传媒业将受到影响。至于金融业,最直接的影响将是,银行坏账增加,金融风险加大。

可以预见,若这个"火车头"不跑了,后面一系列产业会受到严重影响。

所以,房地产泡沫破裂常与经济危机相伴。若房价出现暴跌,经济因此出现恶化,很多普通老百姓即便从来没有感受过房产升值和泡沫带来的财富升值,却很可能要承受房产泡沫破裂带来的苦果。

2012 年至 2014 年,温州房价跌幅大概超 30％。我后来去了趟温州,深刻感受到,楼市下跌对这个城市的巨大影响。比如,有的人因为企业倒闭、老板跑路而失业,有的人借出的巨额资金收不回来。多位企业主向我诉苦称,受楼市的影响很明显,现在生意不好做。

温州是个比较特殊的城市,与房地产的联系比较紧密。但放眼全国,伴随着近年来房价上涨和房地产泡沫,楼市对于经济的渗透,对于普通老百姓的生活、投资的渗透也同样"无处不在"。

当然,我写这篇文章并不是鼓吹救市,目前"中国经济不能继续依赖房地产业和投资拉动"已逐渐成为共识。

不过,现在关键的问题是,当决定放弃楼市这个"火车头"的同时,中国经济急需找到新的"火车头"。目前看来,新的"火车头"只能是,深层次的改革。

因此,尽管房价暴跌本身不会直接给多数老百姓带来好处。但房价下跌给管理层带来的紧迫感和危机感,有利于加快改革的进程,以释放新的经济活力。由此看来,房价下跌最大的好处是倒逼改革。

换个角度分析,如果把"经济去房产化"的过程比作"戒毒",那么现在最关键的工作应该是,增强体质和信心,即通过改革来优化和理顺经济运行机制,释放活力,提振信心。所以,一定意义上讲,目前的楼市调整也可以视作决策层寻求"治本之策"的良机。

# 互联网金融篇

在这个互联网带来变革的时代里,做手机的诺基亚败给了做电脑的苹果;国美、苏宁的市场份额被京东抢走;移动、联通正受到微信的威胁。与此同时,传统纸媒、零售百货等行业也因为互联网的冲击而备感压力。这就是互联网的颠覆力量。

2014年可以说是互联网金融最热闹的一年。当年2月,钮文新写了篇文章《取缔余额宝!》,引爆了互联网金融话题。本篇章的《"取缔余额宝说"的两个逻辑错误》与《热议余额宝是因为担心改革倒退》都是当时比较热门的反驳文章。本篇章的其他文章也都写于那一年。

作者认为,越是封闭的行业,互联网带来的冲击也越强烈。如果传统商业银行没有现有政策的保护,早已被互联网金融冲击得面目全非。

尽管如此,趋势已不可逆转。互联网金融的崛起将给大小金融企业、电商企业又一次历史性的机会。

# "取缔余额宝说"的两个逻辑错误①

> 商品或服务的价格取决于供求关系,而不是成本。比如,你现在想卖一辆宾利,可能600万元买的,但接手的人少,你可能只能卖100万元。售价要看市场,成本不是决定因素。也正是这个逻辑,长期以来,银行的吸储成本一直不高,但他们不理会"进货成本",放贷利率一直居高不下。

钮文新写了篇文章《取缔余额宝!》,②引起广泛的关注。一篇文章很受关注,或哗众取宠,或实在很精彩。我可以很负责地说,钮文新这篇文章应该是前者。

互联网金融的出现,使老百姓的理财收益增加,可以拉动消费,对经济的正面作用不言而喻。

当然,我们先不谈这些。沿着钮文新的文章脉络,我们会发现文中有两个明显的逻辑错误或断层。

### 一、其实,吸储成本上升,对资金价格及融资成本影响不大

钮文新的文章的基本逻辑是:银行吸储成本上升,会推高其放贷的利率。表面上,看似有道理。但其实,这个逻辑是有问题的。

目前,贷款利率管制已经放开,基本上已经市场化。作为自负盈亏的商业银行,其有很强的赚钱冲动。不管吸储成本是多少,银行肯定想以更高的利率水平放贷,但问题是,要考虑风险和需求。

---

① 本文写于2014年2月,收录于新浪财经编著的《互联网金融》一书。
② 2014年2月21日,钮文新在新浪财经博客发布文章《取缔余额宝!》,由此引起广泛争议,史称"取缔余额宝事件"。

贷款业务,相当于卖商品和服务。根据经济学的基本理论,商品或服务的价格取决于供求关系,而不是成本。比如,你现在想卖一辆宾利,可能 600 万元买的,但接手的人少,你可能只能卖 100 万元。售价要看市场,成本不是决定因素。

所以,我们看到,长期以来,银行的吸储成本一直不高,但他们不理会"进货成本",放贷利率一直居高不下。

钮文新可能会说,银行业存在寡头垄断,竞争不充分,有议价能力。但问题是,银行业目前的垄断主要体现在存款利率环节,相当于确立了一个价格联盟来吸储。

而贷款利率水平,已经相对市场化,一定程度是由供求关系决定的。在这样的情况下,存款成本上升,肯定会减少银行的利润,但这部分成本能否转嫁或传递到实体经济或企业,很难说,应该有限。

相反,现在银行过得很滋润,可以说是"养尊处优",成本上升后,压力会迫使银行提升效率,降低管理成本。当然,这需要一个过程。

## 二、估计钮文新忘记了"利率市场化"

余额宝确实厉害。数据显示,截至 2013 年年底,余额宝的客户数已经达到 4303 万人,规模超 1800 亿元。

1800 亿元是什么概念?它已经接近一家股份制城市商业银行的全部存款余额。我查了一下杭州银行和宁波银行 2012 年年底的存款余额,前者为 2206 亿元,后者为 2075 亿元。

这两家商业银行各自分别有 120 多家和 190 多家分支机构,并都经历了超过 15 年的历史,才慢慢做到这个规模。但是,作为一款互联网理财产品,余额宝仅仅用了半年。

尽管如此,相对于国内存款总的规模,余额宝的规模只是"九牛一毛"。

当然,我相信,余额宝还只是互联网金融的一个起点。互联网金融的威力和核心意义在于,可以绕开行业壁垒,避开银行此前花重金打造的网点规模优势,打破由此形成的垄断。

一段时间来,存款利率市场化的呼声很高。2013 年 11 月,《中共中央关于全面深化改革若干重大问题的决定》明确提出:"加快推进利率市场化。"估计,钮文新已把"存款利率市场化"给忘记了。按他的逻辑,存款利率市场化,危害更大。

不过,我一直呼吁减慢存款利率市场化的节奏和进度。倒不是因为存款利率市场化会把融资成本推得很高,而是因为银行业关乎经济和金融稳定,若存款利率市场化推进过快,很可能导致众多银行倒闭,成为导火索,引发经济危机。

相比之下,互联网金融的发展,使存款利率市场化以一种自下而上的方式在推进。

结合当前经济,事实上,管理层应该规范和发展互联网金融行业。以这种方式温和推进存款利率市场化,显然比直接放开存款利率管制更靠谱。

**建言:开放和发展互联网金融,以温和方式推进利率市场化**

观察西方发达国家利率市场化改革的进程,美国和日本、韩国基本上都用了 16 年左右。国内存款利率市场化真正起步还不久。

为此,用行政手段推进利率市场化,可以说是一剂猛药,务必慎之又慎,难度很大。但余额宝等互联网金融的出现,给中国存款利率市场化一种全新的温和方式,我们要抓住这个契机。

其实,我们要担心的是,余额宝一家独大,形成新的垄断。所以,管理层要做的是扶持和开放互联网金融业,"开放"可以让这个行业竞争更充分,更公平、公开,让其发展得更好,这显然对企业和民众更有利。

同时,除了降低银行业的壁垒,希望管理层大力发展证券市场,健全多层次资本市场,以此提高直接融资的比重,逐渐来分担企业对银行贷款的需求,以此降低贷款利率水平,助力实体经济。

# 热议余额宝是因为担心改革倒退

> 现在想来,我们是不是都多虑了!低估了管理层的智商,或高估了既得利益者的能量。这么多学者、专家花精力讨论和反驳经济学上"1+1=3",是不是有些悲哀或有些可笑?

余额宝话题实在太热了。这缘于央视钮文新前几天写了篇文章《取缔余额宝!》,说余额宝冲击全社会融资成本,影响经济。

相对应的是,这两三天,每次与银行业的朋友聊天,都会与我谈到余额宝,坦言其带来的压力。他们说,余额宝的出现,提高了老百姓对存款收益的期望值。其结果是,即使不买余额宝,很多人也会研究和购买各类理财产品。

"活期存款等低成本存款,与协议存款及理财产品的收益实在相差太大。"一位国有银行的网点负责人对我说,自己和属下基本已对争取更多低成本存款不抱希望。用他的话说,即便银行的服务再到位,也没用。

至于钮文新的观点,显然是错的。若按钮文新的逻辑,银行业可以把上升的存款成本直接转嫁给贷款的企业和个人。因此,银行业应该基本无压力可言。

对此,人民日报发了一篇被认为是定调的评论《人民日报:对余额宝们应该警惕什么?》,主要说了三层意思:一,贷款的价格主要取决于市场中资金的供需状况,而不是融资成本;二,余额宝们推动了存款利率市场化;三,要警惕互联网金融企业滥用市场支配地位,出现新的垄断。其实,我此前在新浪专栏上的文章《"取缔余额宝说"的两个逻辑错误》主要讲的也是这三点。

反思钮文新的两三篇文章,其违背了经济学的基本常识,即"价格与供求的关系理论",把银行在存款环节的垄断"偷换"到贷款环节。

如果换作是数学,相当于他跑出来大喊"1+1=3"。按理说,这应该没人理会。但为什么有这么多人写文章出来反驳这个"1+1=3"呢?

反思自己前两天花时间写那篇文章的初衷。我想,一方面是因为有纠错的强迫症;另一方面更重要的是,担心这种缺乏经济常识的文章,被来自垄断金融机构的既得利益者所利用,影响管理层的决策。

说实话,一段时间来,我一直担心,改革因各种原因倒退或受阻。

打破垄断和推进利率市场化是党的十八届三中全会已经明确的改革方向。互联网金融,可以说是存款利率市场化及打破银行业垄断的一种温和的、自下而上的方式。我不了解钮文新那几篇文章的背景或有什么来头,所以,自然担心。

现在想来,我们是不是都多虑了!低估了管理层的智商,或高估了既得利益者的能量。这么多学者、专家花精力讨论和反驳经济学上"1+1=3",是不是有些悲哀或有些可笑?

当然,这次热议的意义在于,进一步提高了互联网金融的知名度,可以说是一次广泛的宣传和普及工作。这直接或间接推进了存款利率市场化的进程。这样一来,银行今后拉低成本吸引存款,估计更难了。

# 余额宝收益下降与楼市降温有关?

> 在很长时间里,房地产投资热及泡沫导致的巨大的资金需求是"钱荒"的重要因素之一。换句话说,一定程度上,是房地产泡沫拉高了贷款利率水平,这是余额宝们获得较高收益的前提。

2014年7月,余额宝等互联网金融产品的收益几乎全军覆没,[①]绝大多数宝宝产品7日年化收益率降到5%以下。这背后的经济学逻辑值得探讨。

余额宝等产品的主要运作模式是:集合老百姓手头的资金,然后以大额协议存款的方式,以较高的利率存给银行。银行再把钱贷给政府、企业或其他机构。

这当中,银行就像个二道贩子。银行"进货"(即揽大额存款)时所愿意付的成本,要依据其销售时的"卖价"(即放贷利率)及风险确定。

目前,国内贷款利率已相对市场化,贷款利率水平一定程度上由资金供求关系决定。因此,余额宝们的收益取决于市场上的贷款利率及市场环境,取决于资金供求关系。

"一定程度上,类余额宝产品的收益高低是衡量资金松紧度的有效指标。"与某国有银行浙江分行一位高管交流时,他肯定地说。

多位银行业的朋友也表示,近期余额宝们的收益下降与市场资金面趋向宽松有关。

这其中,有很多因素。比如,前些天央行实施定向降准释放了不少资金。

---

① 新华网2014年7月17日,《宝宝收益几乎全军覆没:余额宝7日年化收益率逼近4%》。

另外,据上述银行业的朋友透露,因 2013 年"6·20"钱荒事件,2014 年不少银行做了一些相关准备和预案,确保不发生类似事件。这也使得银行的资金相对充裕。

至于与近期房价下跌是否有关? 目前,还不好判断。因为一方面,由于"买涨不买跌"的心理,楼市降温抑制了不少人的购房冲动,家电、家具等相关消费也被抑制。这将导致存款规模的增加。数据显示,2014 年 6 月人民币存款激增 3.79 万亿元,创 15 个月新高。

但是另一方面,在房价下跌的初期,一些因此濒临倒闭的企业会不惜成本贷款自救。这会使市场资金趋向紧张。

不过,可以肯定的是,若房价持续下跌,余额宝们收益会受其影响,随之走低。

众所周知,在很长时间里,房地产投资热及泡沫导致的巨大的资金需求是"钱荒"的重要因素之一。换句话说,一定程度上,是房地产泡沫拉高了贷款利率水平,这是余额宝们获得较高收益的前提。

因此,当房价持续下跌,赚钱效应减弱,来自房地产投资领域的各类相关资金需求会随之减弱。如此一来,余额宝们的收益自然会受影响。

事实上,当年"美国版余额宝"崛起的背景也是如此,当时的贷款资金利率水平较高。但 2002 年美国利率大幅下降后,特别是 2008 年金融危机后,"美国版余额宝"收益跌到了 1% 以下,最终主动解散。

目前,在国内,这类理财产品中,仅余额宝的客户数已超过 1 亿人。可以预见,若余额宝们收益不断下降,估计很多人可能会很受伤。

不过,每个硬币都有两面。一直以来,国内资金成本(贷款利率)居高不下一直广受诟病。这也是房地产泡沫最主要的危害之一。

因此,从这个角度分析,尽管余额宝等互联网金融的出现是好事情;但余额宝们持续高收益现象,并不是好事。当房价持续下跌导致余额宝们收益走低时,实体企业的贷款成本也有望相应降低。这对经济是利好。

# 银行们的出路在哪里?①

> 当前,在这个互联网带来变革的时代里,做手机的诺基亚败给了做电脑的苹果;国美、苏宁的市场份额被京东抢走;移动、联通正受到微信、微博的威胁。这就是互联网的颠覆力量。

2014 年"两会"期间,以余额宝为代表的互联网金融,成了最热门的话题之一。周小川、尚福林、马蔚华、杨凯生等金融界的大佬们都纷纷发声,表达自己的观点。

而在民间,这些日子里,与此相关的理财话题也成了朋友间茶余饭后必不可少的谈资。

从这个意义上讲,余额宝们要感谢央视钮文新写的那篇文章《取缔余额宝!》。这篇文章引发的激烈讨论,让更多的人知道和了解了互联网金融,拓展了理财知识。可以说,一定程度上唤醒了民众的理财意识。

不过,当余额宝等各类理财产品因此更热销的同时,银行职员们拉存款也变得越来越难。对此,银行业显然压力很大,处境尴尬。

眼下,放在银行们面前的看似有三条路:一是寄希望于监管部门取缔或限制余额宝等互联网金融的发展。二是相应提升贷款利率,把"进货成本"转嫁到需要贷款的企业或个人。三是降低成本,提升效率,积极转型,开展金融创新,与余额宝们开展竞争。

但我认为,只有第三条路行得通。对于互联网金融带来的冲击,银行们切不可再抱有幻想,要放弃眼前的利益,下决心实施战略转型,拥抱互联网带来的变化。

---

① 本文写于 2014 年 3 月,收录于新浪财经编著的《互联网金融》一书。

### "取缔余额宝"已没有可能

"取缔余额宝"是银行们最希望看到的。这样一来，他们凭借政府对存款利率的管制和众多网点形成的垄断，继续"养尊处优"，过好日子。

不过，这已经没有可能。互联网金融，可以说是存款利率市场化及打破银行业垄断的一种温和的、自下而上的方式。2013年11月召开的党的十八届三中全会已经明确，打破垄断、推进利率市场化及"发挥市场在资源配置中的决定性作用"是改革方向。

加上广大民众的支持，余额宝们不可能被取缔。对此央行行长周小川在2014年3月4日公开表态，"不会取缔余额宝，将完善监管"。

至于第二条出路，也不可能走得通。

"现在银行一般按基准贷款利率发放首套房贷，即6.55％，或略高一点点。考虑到银行存款准备金等成本，银行一些存款的成本已经达到7％以上。"一位国有银行人士直言不讳地说。

不过，并不是银行不肯再提升贷款利率。而是，不管是房贷等个人贷款，还是面向企业的贷款，所能提升的利率幅度都很有限。

原因是，一方面贷款利率已经相对市场化，企业可以与每家银行谈过来，找相对低的一家；另一方面，银行也要考虑需求和风险。目前国内贷款利率水平已经很高，大部分企业的利润水平无法支撑更高的融资成本。

此外，考虑到对经济和企业的影响，各级政府也会用各种方法限制银行的放贷利率水平。所以，要想把"进货成本"转嫁到需要贷款的企业或个人，也没有可能。

### 银行们要吸取国美、苏宁的教训

显而易见，留给银行的只有第三条路。2014年3月，中国银监会主席尚福林在新浪的《意见领袖》专栏上撰文《鼓励和促进各类金融创新》，说的也是这条路。

尚福林指出，"以互联网金融为代表的新金融业态迅速发展。内外部环境的深刻变化将导致金融竞争和融资格局的深度调整，进而考验银行业的应变能力。"

一段时间来,银行们也的确在行动。为了留住客户,不少银行也推出了类似余额宝的理财产品。不过,不少市民可能也会注意到,一些银行推出这类产品,却不愿意宣传和大力度推广这些产品。

不言而喻,银行显然担心大规模推广和销售这类理财产品,会导致原有顾客存款搬家,会使更多的储户把银行里的活期或定期存款拿去买理财产品。这也是银行眼下面对互联网金融挑战时的尴尬处境。

这让我想起了五六年前的国美、苏宁。当年,由于京东等网络家电销售平台的出现,使国美、苏宁等传统家电卖场感到了威胁。

不过,国美、苏宁等家电零售巨头当时门店众多,线下渠道优势明显。若要战略性地转战线上网售平台,与京东们打价格战,那就意味着"壮士断臂",放弃眼前在线下的利益,放弃此前花时间和精力建立的传统渠道。说实话,这种放弃真的很难。

可以说,是原有的传统渠道优势让国美、苏宁当时"作茧自缚"。

后来,当京东们凭网络渠道快速做大,并夺走相当市场份额后,国美、苏宁才真正下决心选择战略转型。不过,此时已有些被动,致使他们在后来的竞争中备感吃力。

## 银行们不应该再抱有幻想

2014 年 3 月,马蔚华、杨凯生两位有影响力的前银行高管分别表态"余额宝提高资金成本,对实体经济无意义""互联网金融不能出了事再谈监管"。其背后是,互联网金融对行业的颠覆性影响。原来,几个国有银行凭网点的规模效应获得垄断地位,市民一般都把现金存在那些网点多的大银行,以便存取。现在,凭借互联网,每台电脑,甚至每台手机都可以当作 ATM 机使用,成为营业网点。不管是成本,还是便利性,互联网金融优势明显。

不排除,考虑到余额宝们的巨大深远影响,管理层可能会出一些政策,控制一下余额宝等互联网金融的发展进度。这或许会为银行争取一些战略转型的时间,但这个行业趋势已经不可逆转。

事实上，当前居高不下的贷款利率与目前所处的特殊经济时期有关。从长期来看，互联网金融的发展将促进行业竞争，提升行业效率，最终将降低企业和社会的融资成本。对此，管理层不会不看到其中的好处，这也是其推进利率市场化的目的。

在这个互联网带来变革的时代里，做手机的诺基亚败给了做电脑的苹果；国美、苏宁的市场份额被京东抢走；移动、联通正受到微信的威胁。与此同时，传统纸媒、零售百货等行业也因为互联网的冲击而备感压力。这就是互联网的颠覆力量。

可以预见，互联网金融的崛起将给大小金融企业、电商企业，又一次历史性的机会。

因此，对于银行而言，用尚福林的原话说，要"明者因时而变，知者随事而制"。银行业要清醒认识形势环境的深刻变化、行业发展和竞争格局的深刻调整。

# 非网络模式的民营银行危矣！

> 余额宝其实只是互联网金融的一个起点。随着阿里旗下纯网络银行的筹建,互联网金融进入新的发展阶段。根据阿里金融目前的市场定位,首先冲击的是中小民营银行,而不是大银行。我预感,未来5—10年,非网络模式的民营银行的处境,有点类似几年前的小额贷款公司。成立初期可能滋味不错,后来处境则不容乐观,亏钱甚至倒闭的将越来越多。

银监会发布消息,同意在浙江省杭州市筹建浙江网商银行。[①] 批复显示,阿里巴巴旗下的浙江蚂蚁小微金融服务集团有限公司认购该行总股本30%股份。

众所周知,这个银行的筹建之所以备受关注,不仅仅因为其是民营银行,更重要的是,它是阿里旗下的一家采取全网络化营运的银行。

2013年,阿里巴巴凭借"余额宝"让国内民众充分体验了一把互联网金融,也让传统银行感受到互联网金融的威力。数据显示,仅一年时间,余额宝的资金规模达5700多亿元。

不过,余额宝其实只是互联网金融的一个起点。随着阿里旗下纯网络银行的筹建,互联网金融进入新的发展阶段。

一直以来,国内银行业相对封闭,凭借利率管制等垄断机制"养尊处优"。正因为此,互联网带来的颠覆力量对这个行业的影响也将特别剧烈。

首先,和国美、苏宁受到京东的冲击一样,传统银行的网点优势将逐

---

① 浙商网2014年9月30日,《浙江网商银行获批筹建》。

渐减弱。纯网络银行让每台电脑，甚至每台手机都可以当作 ATM 机使用，成为营业网点。其次，借助互联网力量的金融创新将"客观上推动利率市场化"，存款利率管制将一定程度被打破，存贷款息差因此减少，行业竞争将更加充分。

可以预见，未来几年，纯网络银行有望成为行业的"鲶鱼"，打破传统银行业原有的垄断格局，这显然对老百姓有益。当然，在这个过程中，监管部门的态度很重要。

记得在阿里拿到银行牌照前夕，我刚好与一位国有银行的朋友聊"阿里筹建纯网络银行"这个话题。出乎意料的是，他竟然表示，希望阿里早点拿到银行牌照。他说："一方面，我们也一直想借助互联网开展一些金融创新，但常在监管部门那里受阻。所以，希望纯网络银行的出现让监管部门转变监管思路，对金融创新持更'开放'的态度。另一方面，根据阿里金融目前的市场定位，首先冲击的是中小民营银行，而不是大银行。"

借助他的思考，我们可以感觉到，随着互联网金融的发展及存款利率市场化的推进，银行业的竞争将越来越白热化，非网络模式的中小银行，特别是刚成立的民营银行未来将处境尴尬，前途未卜。

据此分析，尽管目前民营银行牌照是"香饽饽"，但未来很可能是"烫手山芋"。本文用上述略带夸张的标题，就是希望给相关投资者提个醒。我预感，未来 5—10 年，非网络模式民营银行的处境，有点类似几年前的小额贷款公司。成立初期可能滋味不错，后来处境则不容乐观，亏钱甚至倒闭的将越来越多。

至于作为"鲶鱼"的纯网络银行，尽管未来前景广阔，其实也绝不轻松。其压力和挑战不仅来自市场主体之间的激烈竞争，还可能来自监管部门的保守势力。

# 互联网金融将是"大佬的游戏"

> 当网点弱化,金融企业总部的概念将发生变化。以前的银行、保险、证券公司总部指的就是总部本身,今后的话,在总部大楼,不仅仅有总部的工作人员,连很多原来网点的工作人员都可能搬了进来,或是选择在大楼附近办公。

《每日商报》一则《老妈也成马云背后的女人》①的新闻,引发很多关注。

这篇文章记录的是,在双12当天,很多市民排队拿着支付宝钱包去超市、便利店5折购物,造成杭州多家商店货架被搬空的购物盛况。

事后,在某银行担任中层的一位朋友私下对我说:"这个情景让我们很有危机感,双12加速了我们的痛苦。"

曾几何时,各大银行一直都在比拼谁的网点多,争取多设新网点。

"银行最大的财富是什么?是网点。"在一两年前,还有不少银行业人士会毫不犹豫地回答。

不过,伴随着余额宝等互联网金融的出现,似乎在一夜之间,思维和逻辑被完全颠覆。银行的网点优势在减弱,成了成本中心,甚至未来将成为负担。

用中国风险投资界教父级人物阎焱先生的话来讲:"如果传统商业银行没有现有政策的保护,早已被互联网金融冲击得面目全非。"

可以预见,随着金融业市场化改革的推进,中国的互联网金融业将迎来难得的历史机遇。这将深刻影响金融业的格局,将促进有效竞争,提高

---

① 《每日商报》2014年12月13日,5版,《老妈也成马云背后的女人》。

行业效率,这显然有利于经济。

不过,需要指出的是,这个行业并不是人人有机会。在未来,互联网金融应该是一场"大佬的游戏"。

经济学上有个著名的理论叫"马太效应",即赢家通吃,强者更强。现在看来,这已是互联网经济的核心特征。

打个比方,市民若买家电,在线下会有很多选择。比如各大超市、各大百货商店,还有家电市场,若在乡镇里,还有卖家电的小商户。但是,到了线上市场,你能想到和找到的只有淘宝、京东、苏宁、当当、易迅等。

当然,买家电是小事,买到假冒产品损失也不大。但是,金融服务不同,一旦选择出了问题,将可能导致倾家荡产。为此,在互联网金融产业的生态中,"赢家通吃,强者更强"的逻辑将会更为明显。

比如在传统银行业,由于网点远近和便利等因素,这个行业容得下很多市场主体,有不计其数的国有银行、股份制银行、农村信用社等。每个市民一般会选择离家近、网点多的银行开户。

但是,互联网让每台手机、每台电脑都成为银行网点,成为 ATM 机。在未来,市民将弱化对网点的依赖。与此同时,互联网打破了原有行业垄断格局,使竞争更为充分,导致优胜劣汰。最终将使这个行业可能只剩下两三家"大佬"。

可以想象,产业格局的变化将给这个产业带来深远影响。

首先,网点弱化后,金融企业总部的概念将发生变化。以前的银行、保险、证券公司总部指的就是总部本身,今后的话,在总部大楼,不仅仅有总部的工作人员,连很多网点的工作人员都可能搬了进来,或是选择在大楼附近办公。所以,不夸张地说,哪个城市未来若能在互联网金融产业领跑全国,该城市也将成为国内真正的金融中心。

其次,该行业容易出现自然垄断。尽管互联网时常会创造各种奇迹,但可以想象,以目前这个产业的现状,若不能"先下手为强",若没有特别的资源或基础,仅靠白手起家已经很难脱颖而出。

这也必然要求政府放开管制,支持和开放互联网金融业,同时要坚决地打击各种不正当竞争行为,从而使市场更加公平、公开,使竞争更充分,从而让企业时时感到压力和威胁,这会对企业和民众更有利。

我相信,这也是互联网金融企业的呼声。因为,和传统金融业不同,目前这个行业里,企业崭露头角靠的是竞争。这好比是大侠比武,怕的不是输赢,而是不公平,不公正。

最后就是,上述产业格局和特征也将影响到投资决策。在这个行业,要投的话,一定要投资具体领域里的前一两名,至少他也应该是细分行业里的前一两名。第三名可能就有点危险。

# 比特币:不是骗局就是博傻

> 关于投资逻辑,一般有两种:一是买下并认为有下一个人会以更高的价格接手;二是认为自己手中的投资品,价值被低估。前一种,其实是投机。

曾经有一位深谙互联网技术的 IT 企业老总来我这里串门。闲聊中,谈起比特币。他直言不讳且很坚定地说:比特币就是个骗局。

经过分析,我很认同他的看法。目前的比特币,即便不是骗局或阴谋,也是在博傻。

一枚比特币,其实是一串数字和字母的组合。目前,除了交易,比特币还可以通过所谓的"挖矿"获得。对于"挖矿",通俗一点的解释是,比特币设计者设计了一堆复杂的算法。你用你的计算机下载个客户端,去计算其给出的一些特定的数学问题,一旦计算出来,你就能获得一定的比特币奖励。据说,现在难度已经越来越大。

说实话,比特币本身没有任何使用价值。按照设计者的供给逻辑,比特币将达到基本封顶的 2100 万个以内。表面上,这有点类似黄金:一,稀缺性;二,设计者设计的"挖矿"环节。

但比特币稀缺是个伪命题。一,无法保证设计者不会作弊去扩大比特币的发行数量;二,比特币火爆后,网络世界出现了点点币、名币、莱特币等上百种数字虚拟货币。用上述 IT 老总的说法,他也可以以自己名字命名、设计个"××币"。由于这种模式和系统较容易被模仿,因此,比特币的稀缺性也便无法体现。至于"挖矿",除了大量的电被浪费在电脑运算上,我看不到更多的意义。

按经济学理论,货币是指从商品中分离出来固定地充当一般等价物的商品。作为一串数字和字母的组合,比特币既不可能成为被普遍认可的一般等价物,也没有任何国家的信用作为保障。现在,连黄金也不再是货币,更何况比特币。

公开消息显示,一段时间来,有个别国家承认比特币的合法性,这也是近期比特币疯狂上涨的原因之一。但其实,这并不能说明比特币成货币了,更不应该成为其暴涨的理由。除非,这几个国家政府拿出大量的黄金抢着去兑换比特币。

其实,大家现在也普遍认识到,比特币其实就是一种网络收藏品。关于投资逻辑,一般有两种:一是买下并认为有下一个人会以更高的价格接手;二是认为自己手中的投资品,价值被低估。前一种,其实是投机。

目前,一枚比特币被炒到几千元,短短几年间,身价暴增超过 5000倍,显然是博傻式的投机,风险非常大。这让很多人想起 17 世纪荷兰的"郁金香泡沫"。在"郁金香泡沫"中,投机者失去了理智。最疯狂时,一株稀缺品种的郁金香售价可以买下一幢豪宅。

最近几周,中国成为目前全世界比特币交易活跃度数一数二的国家。据称,这也是比特币近期疯狂的另一重要原因。

对此现象,外界给出很多分析。在我看来,最大的原因是,比特币惹人眼球的赚钱效应和部分国人的浮躁心态,以及他们期望"一夜暴富"的投机心理。

不管如何,如股神巴菲特所言,"要在别人恐惧的时候贪婪,在别人贪婪的时候恐惧"。最后再一次提醒,现在比特币有些疯狂,切记要远离。

# 报纸经营是互联网思维之"鼻祖"

> 互联网时代的残酷在于,当你还在费尽心力地研究提高羊毛的产量时,人家已经找到一群牛,有了这些牛,羊毛不在话下。另外,在互联网思维下,因为大家都在找牛,企业因此很容易跨行业多元经营。

查阅最新的中国内地富豪榜,你会发现,在前十位当中有 5 位从事互联网相关产业。比如,阿里巴巴的马云,腾讯的马化腾,百度的李彦宏,京东的刘强东等。

无怪乎,"互联网思维"成为眼下最热门的词汇。那么,到底什么是互联网思维呢?要弄清楚这个概念,首先要分析一下互联网上的赢利模式。360 董事长周鸿祎在《周鸿祎自述:我的互联网方法论》一书中说,互联网上的赢利模式只有三种:一是利用互联网卖东西;二是吸引眼球卖广告;三是以网游为代表的增值服务。

第一种模式其实是把互联网作为工具。现在很热的云计算、大数据也都算是互联网工具。相比之下,第二种和第三种模式更能体现互联网思维。

目前,在一些互联网相关产品或服务中,后两种模式往往会被同时运用。比如,对于普通用户,微博是免费使用的。微博另外通过广告及各种增值服务赚钱,如要成为微博的会员是要交钱的。

想当年,阿里巴巴旗下的淘宝网就是借助"免费开店"的大旗击败易趣的,后来用广告及增值服务赚得盆满钵满。而 360 公司也借助"免费安全软件"的大旗攻城掠地,获得了好几亿用户,后来也赚了钱。

为此,说到互联网思维,不少人最直观的感受是"免费"。其实,"免费"只是互联网思维的一个具体表象。结合上述互联网上的赢利模式,我认为,互联网思维的主要逻辑和思维就是所谓的"羊毛出在牛身上",即用基础产品或服务吸引到海量的用户,然后在此基础上赚钱。

这些年,包括上述案例在内,所有的重大互联网商战、大事件,或多或少都与这个商业逻辑有关。比如,打车软件烧钱大战,余额宝高收益,3Q大战,免费导航等。

事实上,这个逻辑并不新鲜,也不仅仅用在互联网上。报纸经营所用的就是互联网思维。现在很多都市类报纸每份仅卖 0.5 元或 1 元,一些报纸甚至不要钱。对此,很多老百姓可能并不知道,即便是不计采编成本,仅计算纸张和印刷费用,每份报纸的成本也要 2—5 元。而这部分"亏损"是由广告商支付的。这就是所谓的"羊毛出在牛身上"。由此看来,报纸经营可以说是互联网思维之"鼻祖"。

至于互联网领域,相关产品或服务往往边际成本(每增加一个用户)很低,接近于零,所以更容易做到"免费","羊毛出在牛身上"的商业逻辑也因此被用得更加淋漓尽致。

可以预见,互联网思维下,在激烈的市场竞争中,各种"免费""赔本赚吆喝"未来将层出不穷。互联网时代的残酷在于,当你还在费尽心力地研究提高羊毛的产量时,人家已经找到一群牛,有了这些牛,羊毛不在话下。另外,在互联网思维下,因为大家都在找牛,企业因此很容易跨行业多元经营。

值得一提的是,尽管"羊毛出在牛身上""赔本赚吆喝",但"羊"即基础用户的感受至关重要,是核心、是根本。通俗一点讲,只有"羊"舒服了,"牛"才愿意出"毛"。具体到报纸、网站、游戏或其他服务和商品,只有获得广大受众的青睐,才可以获得广告,才有人来买增值服务。所以,在互联网思维的运用过程中,一定要强调和重视用户需求、反馈、体验等,切忌急功近利、舍本逐末。

话说回来,现在纸媒生存受到威胁,关键还不是有无"互联网思维",而是从用户的感受和需求来讲,报纸的阅读体验、便利性、互动性等天生地无法与网络抗衡,这也注定了其很大程度将被取代。

# 资本市场篇

2014—2016 年中国股市的暴涨暴跌主要因为这个市场存在制度缺陷。作者认为主要有两个方面：一是涨跌停板制度；二是发行核准制。

资本市场的改革就是要通过市场化和法制建设，把原来的赌场改成市场。两者的区别在于：在赌场中，是零和游戏，有很多既得利益者，比如发审官员、庄家、投机高手；而在市场中，优化资本配置的功能得以实现，投资者和融资者可以双赢，经济得到提振，中小投资者才有机会成为赢家。

考虑到股市的特殊性，本篇中的文章都注明了写作时间。

# 中国经济需要股市泡沫[①]

> 很多人可能仍会误认为牛市仅仅是让上市企业获得资金支持，与其他企业无关。其实，这有些误解。因为牛市不但活跃股市，还会激活股权投资。在已经实行注册制或在注册制的预期下，股市估值的上升或者说股市泡沫会吸引大量的资金进入股权投资市场。

今天是 2015 年 7 月 2 日，又是一天的开始，各大财经网站上又是满屏的救市举措：两融新规提前发布，拓宽券商融资渠道，允许融资融券合约展期，不再将强制平仓作为唯一处理方式，证券资产低于 50 万元可继续融资融券；拟调降 A 股交易结算相关收费标准……

"没想到，监管层为我几十万元钱那么上心。想一想，也值了。哈哈。"一早，朋友在电话里和我打趣道。不过，就在他说话间，两市冲高低走。

### "股市对实体经济的作用只有 5%"是谬论

尽管利好不断，近期市场仍然连续大跌，这说明恐慌很难一下子从人们内心消除。鉴于此，监管层应该准备好更多的预案以确保资本市场的稳定。

不管如何，监管层迫切的护盘之心已经非常明显。可见，"政策底"已经非常明显。同时，也可以看出，"国家牛市"，即"政府希望通过牛市，通过发展资本市场来推进经济，并借助持续的牛市解决一些问题"的逻辑是成立的。

---

① 本文写于 2015 年 7 月。

尽管如此,对于"国家牛市战略"拉动经济,很多人也许仍感到不解:"难道大家都去炒股,经济就会发展?"

对于这个话题,近日,连清华大学金融系主任李稻葵都写文章称"股市对实体经济的作用只有5%"。我认为,这有点不对。

这其中的关键就是,随着资本市场的发展,以银行业为代表的间接融资将越来越多地被以证券业为代表的直接融资所取代。

借助"国家牛市"的赚钱效应,使家庭资产证券化,使资本市场成为投融资双方的纽带,可以解决双方投资难和融资难。同时,通过这个市场化的资金配置手段,让资金转起来,从而尽可能让有前景、有效率的企业获得资金。为此,若知晓目前银行业在经济中的作用,你就可以想象证券市场未来在经济中的作用应该不止5%了。

上述逻辑比较浅显。不过,很多人可能仍会误认为牛市仅仅是让上市企业获得资金支持,与其他企业无关。其实,这有些误解。

因为牛市不但活跃股市,还会激活股权投资。在已经实行注册制或在注册制的预期下,当风投或股权投资资金有了明确的退出机制,股市估值的上升或者说股市泡沫会吸引大量的资金进入股权投资市场。因此,我们看到,伴随着股价不断上涨,这阵子股权投资市场非常活跃。

## 中国经济需要股市泡沫

说起泡沫,在很多人的印象里,一般比较负面。但其实,泡沫也有好的一面。

以新三板为例。一直以来,国内中小企业存在融资难问题,但近段时间,很多中小企业借助新三板市场融到了大量资金。

其原因就是,前几个月,新三板的股价大幅攀升,高估值促使资金入场抢筹。"在新三板股价疯狂的时候,各类机构对新三板企业的再融资项目基本靠抢,项目介绍费、顾问费都很常见的。这些天,尽管新三板有些降温,但余温还在。"一位机构朋友对我说。

我想,这就是泡沫及高估值的魅力。不否认,泡沫有不少负面的东西,但资本市场的财富效应对民间资金投向会产生巨大的引导作用,这还是让一部分企业和产业受益。

写到这里，我不由得想到美国当年的互联网泡沫及中国台湾 1987—1990 年的股市大泡沫。

众所周知，这两个泡沫后来都破裂了，负面影响不再赘述。但是，当年资本市场、资金对相关产业企业的追捧，显然还是让一些企业受益。那些巨额资金的投入对后面的相关产业发展有不可估量的影响。

在我看来，中国台湾后来的转型升级，及目前全球互联网经济的大发展、大繁荣，与当年的上述两个泡沫不无关系。从这个视角去理解，我们是否可以认为，资本市场泡沫或许也是经济发展和产业转型升级的必由之路。

回到中国当前的资本市场。目前，中国资本市场的高估值及注册制的预期也正在吸引和引导大量的资金投向股权市场，投向新兴产业、金融产业。这其中，虽有非理性的部分，但退一步想，不管如何，这些市场化的投资和融资，其效率至少比政府直接开展投资的效率高很多。

这些年，"转型升级"在中国已经喊了很多年，政府扶持资金也用了无数，但效果甚微。而当前，如果实施股票发行注册制，资本市场泡沫将成为"转型升级"的突破口。

# 没有股市泡沫,难有万众创新

　　环顾和分析近年国内的创新和创业,我们会想到阿里巴巴、百度、腾讯等一大批很牛的创新企业代表。同时,也会想到这些企业都在中国香港、美国等境外市场上市,让境外投资者赚到钱。不过,进一步思考,你会发现一个重要的事实:表面上看是这些创新企业代表选择了境外资本市场,实际上其实是境外资本市场及衍生出来的风投体系成就了这些企业。

　　注册制对经济的意义是什么?为何监管层如此重视证券市场的发展?难道大家都去炒股,经济就会发展?

　　我认为,这其实是与"大众创业、万众创新"相呼应的一个战略安排。可以毫不夸张地说,以中国目前的经济环境,若没有 A 股的市场化改革及适当的泡沫,将难有万众创新。

　　环顾和分析近年国内的创新和创业,我们会想到阿里巴巴、百度、腾讯等一大批很牛的创新企业代表。同时,也会想到这些企业都在中国香港、美国等境外市场上市,让境外投资者赚到钱。

　　不过,进一步思考,你会发现一个重要的事实:表面上看是这些创新企业代表选择了境外资本市场,实际上其实是境外资本市场及衍生出来的风投体系成就了这些企业。

　　曾经听一位风投大佬讲一个知名互联网企业的创业往事:创业中途,几千万美元风投资金很快被烧完,眼看就要弹尽粮绝,陷入困局。企业创始人只好到处打电话求助。情况比较紧急,软银最后拍板说再投一笔巨款。这个企业终于挺过了难关。

　　不难想象,这样的故事在很多创新巨头身上发生过,他们成功的背后其实是风投机构一而再、再而三的支持，而风投机构的背后，是高度市场化的境外资本市场。因此，不言而喻，如果没有境外资本市场，就没有孙正义、熊晓鸽、阎炎这些风投大佬及其巨额风投资金，某种意义上讲，上述创新创业企业代表也很可能根本已不存在，更不用谈上市。

所以，我们应该遗憾的不是一大批企业到境外上市，而是为何这么一大批创新企业巨头的缔造竟然很少有 A 股资本市场的功劳？这足以说明，中国资本市场发展是严重滞后的，是与中国经济发展进程，与经济转型升级的迫切需要极不相称的。

众所周知"远水解不了近渴"，作为全球第二大经济体，中国肯定不能长期依赖境外资本市场带来的创新创业动力。如果想要"大众创业、万众创新"之风刮向中国大地，成为经济继续前行的"双引擎"，必须靠 A 股自己。

说到"印股票"，可能很多人会反感。在很长时间里，很多人都有一种误区：以为股市仅仅是让上市企业获得资金支持，与其他企业无关，与经济无关。这是因为，长期以来，因为过度的审批及上市难问题，A 股是一个相对封闭的独立市场，股市走牛也只是让壳资源更抢手、更稀缺。所以，针对这些问题，政府必须要推进一些改革。

一方面，A 股要通过推进市场化改革、推进注册制，从而打通股市和经济的"任督二脉"，让资本市场为经济输血；另一方面，还要通过 A 股适当的泡沫，让其成为创新创业的原动力。

在很多人的印象里，泡沫是比较负面的，特别是想到泡沫破裂时的负面影响。但其实，泡沫也有好的一面。因为泡沫带来的资本市场的财富效应对民间资金投向会产生巨大的引导作用。正如我此前在一篇专栏文章中谈到的："在已经实行注册制或在注册制的预期下，牛市不但活跃股市，还会激活股权投资，让风投更主动、更活跃。股市估值的上升会吸引大量的资金进入股权投资市场。"

所以，我们看到，不管是美国当年的互联网泡沫，还是中国台湾1987—1990 年的股市大泡沫，与泡沫相行相伴的，是一股巨大的创业创新浪潮，是互联网经济的大繁荣、大发展。

上述逻辑或许可以在格林斯潘的观点中得到印证。在 2007 年金融危机之后,在一篇记者对前美联储主席格林斯潘的访谈中,面对外界对其"放任泡沫"的质疑,格林斯潘说:"如果你审视历史上金融泡沫的创伤,你同时会看到任何一种情况下出现的泡沫破裂留下来的技术和创新都会更好地改变世界。比如前几年的泡沫让我们受益的是便宜、好用的宽带及物美价廉的电脑。"

# 4300 点附近该怎么办？①

作为一个新兴市场，短期内"慢牛"在 A 股市场很难实现。若监管层实行一些市场干预，一不小心，又可能会弄巧成拙。因此，监管层只有一种选择：既然行情比预期快，那么，所能做的只能是，改革的推进也要比预期快；否则，将容易失去好的时机。

刚刚看完电影《速度与激情》，说实话，这些天的 A 股市场表现，大体也是这种感觉。

4 月 17 日，沪指大涨 92 点；4 月 20 日，沪指深幅下跌 70 点；4 月 21 日，沪指又大涨 76 点。

事实上，更强的"震荡调整"是在上周末完成的。4 月 17 日，证监会发布消息称，七方面规范两融。一时间，引发各种悲观的解读。次日，证监会表态称，"规范融资融券不是打压股市"。4 月 19 日，正当很多投资者感到心有余悸之时，央行又发布了重大利好，降准 1 个百分点。

不难想象，这些天，很多投资者的心情一直跌宕起伏，在坐"过山车"。

其背景是：在过去的 11 个月里，沪指从 1900 多点，一路快速涨到 4300 点附近，已经进入了"速度与激情"模式，市场投资者也变得非常敏感。

众所周知，在经济降温的大背景下，以目前这样的时点，支撑当前行情靠的已不是基本面，更多的是投资者的期待、盼望，甚至是幻想。

不言而喻，这样的时点是非常刺激和惊险的。稍有风吹草动，一个小小的事件或细节都可能被无限放大，从而可能引发非常大的波动。

---

① 本文写于 2015 年 4 月。

从 4 月 20 日当天 A 股大跌可以看出,若没有监管层的及时澄清及降准,后果可能难以想象。

至于后面的市场行情,正所谓"树欲静而风不止"。在 4300 点附近,"速度与激情"模式可能还将会继续。所以,对于普通投资者而言,我的建议是:去掉杠杆,降低仓位,并把筹码换到有实质业绩支持的中小盘,或换到滞涨且有估值支撑的大盘蓝筹。

其实,退一步思考,在前期快速上涨之后,经济又尚未探底,仅靠赚钱效应自我强化的 A 股市场短期内还会加速上涨吗?

既然投资不同于赌博,而现在"玩的是心跳",那么在这个时点,如果因心理压力过大而选择离场也并不会太亏。

同时,需要指出的是,当前的牛市是一把"双刃剑"。目前的行情,正倒逼监管层加速推进资本市场的市场化和法治化改革。

当前,牛市对中国经济及改革有着至关重要的意义。比如,可以对冲房地产业降温所带来的对经济的影响;增加老百姓资产性收入,提振消费;使资本市场的市场化改革等各项改革获得更多的支持和拥护。这也正是本轮大牛市的重要逻辑之一。

不过,行情若上升太快,肯定有大跌的风险,这也留下一些隐患。正如上述分析,以目前 A 股的市场规模和成交量,特别是现在"杠杆投资"风盛行,万一因大跌出现"踩踏",将对当前经济造成非常严重的后果。

对此,前几天看到的一个段子有趣而形象:"现在的监管层就像个春心荡漾的少女,怕你们不来,又怕你们乱来。"

由此看来,监管层显然更希望"慢牛"。但现实地讲,作为一个新兴市场,短期内"慢牛"在 A 股市场很难实现。若监管层实行一些市场干预,一不小心,又可能会弄巧成拙。同时,这种手法也有违市场化改革的精神。

因此,面对上述"两难",监管层只有一种选择:既然行情比预期快,那么,所能做的只能是,改革的推进也要比预期快。否则,将容易失去好的时机。

# 熔断助跌事件印证了一个大秘密①

实施涨跌停板制度的初衷是为了减少 A 股市场的波动,提高市场的稳定性。但观察 A 股市场这些年的表现,事与愿违,A 股市场一直是全球波动最大的市场之一。涨跌停板制度不仅没有稳定市场的效果,反而会限制流动性、制造恐慌、助涨助跌。

这几天,A 股最糟糕的开盘日,让股民们很受伤,招来各界对熔断机制的大讨伐。

"熔断机制有一定'磁吸效应'。"证监会终于承认了熔断机制的助跌作用。

不管如何,既然已经发生了,我们只好坦然面对。在喧嚣和痛苦之后,接下来,我们应该好好反思这个事情的启示和教训。

在这个事件中,我觉得此次最最重要的财富是:我们发现了熔断的负面影响,进而明确了涨跌停板对 A 股"助涨助跌"的机理和对市场的危害。

我们知道,实施涨跌停板制度的初衷是为了减少 A 股市场的波动,提高市场的稳定性。但观察 A 股市场这些年的表现,事与愿违,A 股市场一直是全球波动最大的市场之一。涨跌停板制度不仅没有稳定市场的效果,反而会限制流动性、制造恐慌、助涨助跌。

"我要赶紧卖,再不卖要跌停了。"在 2015 年年中的暴跌中,经常有朋友在电话里很慌张地对我说。相对应的是,平日里,"追涨停"也是不少 A 股投资者的投资策略之一。

其实,涨跌停板也就是一种熔断机制。与熔断机制的作用机理及特

---

① 本文写于 2016 年 1 月。

点基本一样。比如,若个股下跌到 7% 以下,很可能在跌停板的"磁吸效应"作用下跌停。次日,因为恐慌和流动性受影响,还会继续跌。所以,我们平日里会发现,只有 5% 涨跌停板的 ST 股的波动往往比 10% 涨跌停板的非 ST 股波动更大。

回想 2016 年 1 月 4 日那天,我们看到,因熔断机制而暂停交易的"助跌效应"是很明显的。交流这个话题时,多个朋友告诉我,在第一次熔断后,他就抓紧时间卖出。因此,可以说,如果没有第一次熔断,当天也许不会有这么大的跌幅。这与上面谈到的涨跌停板"助涨助跌"的道理是一样的。

对于涨跌停板是否能稳定市场,这几年一直争议极大。这一次,借助熔断机制这个事情,我们算是一起见证了涨跌停板的"助涨助跌"效应,把其中的机理看得一览无余。我想这个财富真的是非常宝贵。

其实,这个情况在早年的中国台湾证券市场中也曾得到验证。《台湾股市大泡沫》是一本记录 20 世纪 80 年代台湾股市暴涨暴跌的书(当时台湾证券市场也设置了涨跌停板)。作为亲历者,该书作者观察和回忆当年的大波动后也提出,涨跌停板其实反而加大了股市波动。

基于上述分析,你会发现,2015 年股灾发生的因素有很多,涨跌停板导致的"助涨助跌"效应算是其中之一。为此,我有时候会想,如果没有涨跌停板,市场波动可能会稍小一点,或许政府当时可以少花一些钱去救市。

# "大股东减持"其实救了散户[①]

> 此次极端行情给我们一个重要的教训,即杠杆机制的推出时间和注册制推出的时间不能相隔太长。若是两者同存,资金的供给数量和融资项目的供给数量会不断地互动,市场自身会不断地实现动态的均衡(对杠杆倍数进行限定还是需要的)。

经历前期暴跌之后,A股探底回升。在我看来,接下来的新阶段,比较急迫的一项工作应该是:监管层要对前期的极端行情及相关应对措施进行深刻反思,并在此基础上规划未来的监管和改革之路,明确和稳定预期。

## 市场供求失衡引发泡沫和暴跌

坦白讲,对于A股最近的情形,我算是有心理准备的。记得2014年12月底,我曾在新浪《意见领袖》的一篇专栏文章《不要再让散户为牛市买单》中提到:"未来可能迎来非理性上涨。行情持久度会与上涨速度成反比。如果涨得太快,行情可能昙花一现。而由于市场制度的缺陷,最终大多是由散户买单"。

而在2015年4月底的专栏文章《4300点附近该怎么办?》中则提醒:"作为一个新兴市场,短期内'慢牛'在A股市场很难实现""既然投资不同于赌博,而现在'玩的是心跳',那么在这个时点,如果因心理压力过大而选择离场也并不会太亏"。

我相信,经历前期暴涨之后,很多投资者也和我一样,也对此波暴跌

---

① 本文写于2015年7月。

是有心理准备的。只是我们都不知道具体的时间点及市场波动的剧烈程度。

在这些天里，有很多人都在思考一个问题：A股为什么暴跌？不少人可能会说，是场外配资，是杠杆机制，是新股发行，甚至是"跳楼"假新闻引起的。

不过，这些只能说是"外在的表现"。事实上，暴跌的根源和本质应该只有一个，即"泡沫严重"（在暴跌前夕，很多中小市值个股已经进入"市梦率"时代）。

众所周知，当"泡沫严重"到一定程度，那么肯定是要破裂的。尽管破裂的导火索、过程及方式可能会各有不同。比如，部分高杠杆的存在容易引起踩踏，从而加快了泡沫破裂的速度。

为此，我们可以进一步推断，暴跌其实是因为"前期暴涨"，也可以说，不是暴跌害了你，而是暴涨害了你，是前期暴涨引诱你入场或加仓，并导致了后来的暴跌。

如此一来，不论是对于投资者还是监管层，探讨暴涨的原因要比"分析暴跌的原因"显得更有意义。

那么，前段时间，A股为什么暴涨呢？具体外在原因应该有很多，但不难发现，一个基本的市场逻辑应该是，A股市场供求失衡。

在2015年上半年里，一方面，在赚钱效应及杠杆机制下，资金蜂拥入场。但是，另一方面，企业上市融资仍然是受到管制的。

尽管我们看到，在2015年1—5月，监管层8次警示风险（被称为"八道金牌"），试图调控市场。但是，正如"喊话不能救市"一样，"金牌"也无法抑制资金的入场冲动。

市场供求失衡必然造成股票稀缺，资金进入市场抢筹，从而导致了暴涨。

### "大股东减持"减弱了供求失衡的严重程度

上述分析和推理算是常识。尽管如此，仍有很多人存在误区，甚至包括一些专家。

比如,一位经济学者写文章批评大股东减持:"(上半年)上市公司大股东及高管集中减持套现 5000 亿元引爆了股指暴跌。"但这个观点应该有点问题。

正如"猜顶"是不现实和无意义的,我也不想去争论暴跌的导火索具体是什么。但我们知道,暴跌前夕,A 股已经进入"市梦率"时代,若大股东都选择不减持,难道他们是傻蛋?

按上述专家的逻辑,是不是应该不允许大股东减持? 这样一来,A 股是不是会一直"只涨不跌"? 泡沫永远不破? 显而易见,这是不现实的。

其实,基于前文的分析,笔者的观点恰恰相反。我认为,"大股东减持"及新股发行其实多多少少救了散户。

这是因为,当市场供求失衡,在股票供给跟不上投资者需求时,"大股东减持"及新股发行其实是增加了股票供给,减弱了供求失衡的严重程度,减缓了泡沫吹大的节奏和幅度。

试想,2015 年上半年如果没有"大股东减持"及新股发行等市场化方式增加股票供给,A 股应该会涨得更快、更高,投资者也变得更加疯狂。

可以想象,不管是什么导火索导致泡沫破裂,更大的泡沫必将造成更大的下跌。当泡沫破裂时,救市的难度必然加大,投资者的损失肯定也更惨痛。

从这个角度来讲,二级市场的投资者们,特别是那些用高杠杆的散户应该要感谢 2015 年上半年那些"大股东减持"。

**教训:杠杆机制和注册制推出的时间不能相隔太长**

据前文的分析和推理,要减少暴涨暴跌等极端行情,最关键的应该是防止和避免"市场供求失衡"。

观察近一年的 A 股市场,你会发现,不管有没有场外配资,在杠杆机制下,当市场向好,市场资金就会呈现几何倍数增长。不言而喻,这会很大程度加大监管层试图调控市场的难度。

其后面的结果是:资金进场不受制约,还有杠杆机制作为加速器,而融资项目却受到限制,这必然会导致市场的定价机制被扭曲。

事实上,除非出现像前阵子那样的极端行情,否则,监管层的工作绝不是调控市场,其工作重点应该是规范市场。历史实践已经证明,政府不能代替市场手段让 A 股市场获得有效的动态均衡。

所以,既然当时的行情比预期要快,那么,我们所能做的只能是,改革的推进也要比预期快,至少可以先明确注册制的时间表。可惜,我们错过了一次好的时机。

此次极端行情给我们一个重要的教训,即杠杆机制的推出时间和注册制推出的时间不能相隔太长。若是两者同存,资金的供给数量和融资项目的供给数量会不断地互动,市场自身会不断地实现动态的均衡(对杠杆倍数进行限定还是需要的)。

也就是说,既然资金进场是市场化的,且是杠杆化的,那么企业上市也必须市场化。否则,市场供求很容易失衡,从而会暴涨暴跌,所谓的"慢牛"只是空话,更谈不上为实体经济输血。

其实,令人担忧的是,相比杠杆机制,注册制进展缓慢,可能无关科学分析或程序问题,而是涉及利益。

因为前者会抬高股价,即提高上市资格的价值,从而提高权力寻租的价格;而后者是削弱权力,让权力寻租消失。

# 注册制将如何颠覆 A 股生态？<sup>①</sup>

> 注册制改革将深刻颠覆 A 股市场原有的生态，对我们的投资产生深远的影响。鉴于此，A 股的投资者务必要对注册制有所了解和认识，并提早做好布局。

在 2014 年 11 月中下旬，有三位证监会副主席在不同场合给注册制改革"吹风"。由此看来，注册制已经离我们越来越近。

那么，什么是注册制？与我私下交流时，某知名券商投行人士说："真正完全市场化的发行注册制应该是，除非涉嫌故意虚假记载、误导性陈述或重大遗漏等问题（投行及上市公司应被稽查立案，要负法律责任），否则，证监部门只可以要求申请人完善和补充材料，但没有否决权。"

不过，据该投行人士了解，因为惯性及来自各方的压力等因素，注册制的实施不会采取"休克疗法"，即不会一步到法，而更可能的是，分步推进。

不管如何，注册制改革将深刻颠覆 A 股市场原有的生态，对我们的投资产生深远的影响。鉴于此，A 股的投资者务必要对注册制有所了解和认识，并提早做好布局。

眼下，下面两个涉及注册制的问题，应该是 A 股投资者最关心的话题。

## 一、注册制是利好，还是利空？

对于注册制，市场不好的时候，很多投资者和专业人士一直反对，认

---

① 本文写于 2014 年 12 月。

为其会影响市场情绪，是重大利空。不过，在市场好的时候，现在很多人已经忘记，甚至将其看作利好。

那么，注册制到底是利空，还是利好？其实，毋庸置疑，注册制是促进证券市场健康发展的重要制度安排。长远来看，注册制是重大利好。不过，对于具体的个股，影响又各不相同。

按照上述券商投行人士的说法，注册制应该是，符合条件就有上市资格，证监会连否决权都没有。那么，其最终的结果是：壳资源，即企业的上市资格的价值归零，同时，股票趋向无限量供应，股票不再稀缺。这对于A股原有的生态是颠覆性的。

目前，A股上市公司的价格大多包含有"壳资源"溢价。据安信证券的研究显示，市值越小的公司，壳价值占比越大，对大盘蓝筹股而言，其占比是可以忽略的。如果实行注册制，"壳资源"溢价将逐步消失。

所以，不管"休克疗法"，还是"温水煮青蛙"，随着注册制的推行，未来应该是强者恒强、弱者恒弱。这个趋势将不可逆转。

因此，投资者应该远离靠壳资源支撑股价的那些小市值上市公司。要知道，健康的牛市，绝不应该是普涨。如果业绩不好，投资者可能全赔，不管套得多深，可能再也涨不回来。

说到这里，有股民可能会说，注册制对原本持有股票的投资者不公平。但问题是，既然制度存在缺陷，那就应该改革，趋势不可逆转。

眼下，良好的市场气氛必然成为推进改革的契机。当然，这也是投资者换股或抛出没有业绩支持的个股的良机。

对此，我想说的是，投资者要把握最后的出逃机会。不管是否已经套牢，不要寄希望于绩差股会"轮"涨。

不排除注册制改革可能再次遇阻，或因其他原因，绩差股还会再次回光返照，乱涨一通。但在当前形势下，这当中的风险明显要大于机遇。

## 二、垃圾公司、皮包公司也能上市吗？

我们注意到，除了推行注册制，监管部门还将取消股票发行的持续盈利条件。一系列动作将使上市的门槛大大降低，审查环节也减少。

对此,有网友评价说:"若实行注册制,我现在马上注册个皮包公司,包装一下,上个市,捞他几个亿!"

这有可能吗? 有。不过,对于这样的欺诈行为,其后果是非常严重的。理论上讲,实行发行注册制,并不是不审查,而是把重点转移到上市后的过程监管。

按照 2014 年 10 月发布的《关于改革完善并严格实施上市公司退市制度的若干意见》,监管部门将对重大违法公司实施强制退市制度。按该规定,对于重大信息披露违法的公司,将很快被暂停上市,随后被实施终止上市。

这也对信息披露监管提出了更高的要求。考虑到垃圾公司、皮包公司上市所带来的危害和负面影响,当注册制实行时,监管层务必要严格实施和执行上述"对重大违法公司实施强制退市制度"。

不仅如此,还要制定科学有效的配套索赔制度和机制。对此,在美国等西方发达国家实行的"集团诉讼制度"非常有借鉴意义。所谓集团诉讼制度,通俗地讲就是,若有一个股民告赢某上市公司的欺诈等行为,并获赔。其他有类似情形的受害者,不需要提出诉讼,也可以获得相同的赔偿。

这样一来,靠欺诈上市的公司,不但会被退市,还会使其因此付出代价。相关责任人会被索赔得倾家荡产,甚至坐牢。这样的法律制度下,一定程度上,可以威慑和约束造假者。

在我看来,"注册制"与"集团诉讼制度"的关系,有点类似于"利率市场化"与"存款保险制度"的关系,都是推进金融业市场化改革的重要保障。在此,我呼吁在实行注册制之前,务必要考虑先实施和落实集团诉讼制度。

# 不实行注册制，难言投资者保护[①]

> 现在来看，发行核准制才是让股民老亏钱的核心制度缺陷。若不实行注册制，以及缺少严格的退市制度及信息披露制度，所谓的中小投资者合法权益、投资者回报，都是空谈。

为什么要推进发行注册制改革？在我看来，现有的发行核准制是证券市场的核心制度缺陷，也是股民老亏钱的罪魁祸首。为此，作为此轮资本市场改革的核心，推进发行注册制已经迫在眉睫。

## 发审委的"萝卜章"，盖一下值 20 亿

这些年，中国经济高速增长，但中国 A 股一直不给力。即便 2013 年创业板涨幅超 80%，某知名财经网站开展的一次 2013 年 A 股投资者生存状况调查显示，受访股民亏损比例仍高达 65%。

我认为，广大股民老亏钱，核心的因素是，证券市场的制度有问题，有缺陷。多年之前，各界曾经认为"股权分置"是影响证券市场回报投资者机制的关键问题，并实行了股权分置改革。但后来，我们发现还不是。

现在来看，发行核准制才是让股民老亏钱的核心制度缺陷。

发行核准制，涉及对公司上市资格的审批。根据现行制度，企业上市需要漫长的等待和所谓的严格"核准"，上市资格因而被人为"稀缺"。因此，在 A 股市场中，一个企业的上市资格很值钱。具体是什么价码呢？

对此，安信证券 2013 年年底做过一个专题研究。他们研究了 AH 股的相对溢价和公司市值的关系，并据此估计了 A 股上市公司由于稀缺性

---

[①] 本文写于 2014 年 4 月。

带来的壳价值约为 20 亿元人民币。也就是说，一个企业的上市资格，价码大概 20 亿元。

还有一个事情或许能佐证安信证券的研究结论。在 A 股中，星美联合（000892）是一家比较特别的公司。其总资产只有 580 多万元，净资产只有 530 多万元，但其市值竟超 20 亿元。不言而喻，这 20 多亿元主要也是那个壳资源的价格，即上市资质的价值。

据此分析，证监会发审委那颗"萝卜章"，可以说是中国最值钱、最昂贵的"萝卜章"：每批一次，值 20 亿元。

### 上市环节本身成 A 股当前最主要的买卖

我不知道，一个企业要想拿到上市的资格，在各个环节里，需要花多少钱。但一旦上市，就意味着其获得一个 20 亿元的资质，可以说是"一夜暴富""一本万利"。

在这样的制度下，在目前 A 股中，最核心、最受关注的业务，根本不是融资或投资，而其实是获得和出售企业上市的资格。换句话说，上市环节成了 A 股当前最主要的买卖。因此，为了早日获准上市，企业会不择手段，比如花重金行贿手握重权的证监会发审部门相关官员，甚至不惜手段财务造假。

如此一来，证券市场沦为权力寻租的温床，成为一个充满投机、圈钱的市场。A 股市场里的投资，也一定程度上，成了"零和游戏"。

"零和游戏"意味着不存在共赢。当有一批人"一夜暴富"时，那么，谁为那些昂贵的上市资格买单呢？当然是普通股民。目前，股民所偏好的中小盘股票的股价里，大都包括了上市资格的溢价部分。

需要指出的是，"核准制"的副作用是：上市这种"一夜暴富""一本万利"的生意做过后，已上市的大股东们对企业日常经营这种费心费力的赚钱模式可能变得不太上心；同时，"富而即安"之后，他们也可能失去了继续奋斗及用好募集资金的动力。所以，即使没财务造假，很多公司上市后也后续乏力，业绩不理想，每况愈下。很多公司逐渐被套空，最后的股价越来越接近壳资源的价值。

结果是，一堆垃圾股被炒来炒去。与此相对应的是，还有不少庄家与上市公司合谋，用题材操纵股价，从中牟利。此乱象之下，若股民再多换几次股，多交点佣金和印花税，想不亏钱真的很难！

所以，在这样的有缺陷的股市里，上市公司股东、庄家、手握发审重权的官员、投机高手总是赢家，可以说是既得利益者，而普通投资者总是输家。

不过，上述核准制带来的种种乱象，绝不是证券市场的本质。目前中国的经济，也迫切需要一个健康、透明的证券市场。作为金融业的重要组成部分，证券市场其实是企业和投资者投融资的桥梁。在健康的市场中，应该是让稀缺的资金流向真正需要钱的企业，发挥配置资金的功能。

不久前，国务院常务会议就进一步促进资本市场健康发展提出了六项举措（俗称"国六条"），第一条就指出："要积极稳妥推进股票发行注册制改革。"当前，作为此轮资本市场改革的核心，推行发行注册制，确实已经迫在眉睫。

# IPO 数量越多,圈钱其实越难[①]

> A 股当前的问题,不是因为 IPO 太多了,而是因为人为制造"稀缺",IPO 太少了。IPO 太少的结果是,投资者投资时缺少选择权,可以说"饥不择食"。

随着预披露名单不断增加,"IPO 恐惧症"再现 A 股,不少投资者为此有些心神不宁,深沪两市的表现也不太给力。

但是,IPO 节奏加快,是发行制度由"核准制向注册制过渡"的必然。同时,在我看来,真正的价值投资者不应该有"IPO 恐惧症"。

## 市场容量,其实是个伪命题

IPO 是 Initial Public Offering 首字母缩略词,指企业首次向公众出售股份,我们也俗称其为"上市"。

"IPO 恐惧症"的基本逻辑是:过多企业上市,会使"可出售股权"数骤然增加,我们俗称其为"市场扩容"。在假定股市资金总量不变的情况下,市场扩容带来的供给增加,导致股市下跌。

说实话,在很长时间里,A 股圈钱、投机成风,这个逻辑有一定的现实基础。不过,这个逻辑还是有点问题,特别在 A 股的改革转型期里。

这个逻辑,一定程度上是把股票当作收藏品。收藏品倒真是"物以稀为贵",越稀缺越好。不过,股票不应该是收藏品,其代表的是企业的股权,其价格取决于上市公司基本面,及未来盈利能力的预期。

单纯从价值投资的角度分析,一般而言,其他公司 IPO 的节奏和数

---

① 本文写于 2014 年 5 月。

量，与投资者手里所持的上市公司股票的盈利能力，不存在任何关联。

所以，境外成熟的证券市场，不太会有"IPO恐惧症"。阿里巴巴上市，号称是史上最大的IPO项目，对于A股投资者而言，可理解为"将造成市场严重失血"，但位于美国和香港的交易所及其投资者都非常期待。香港方面甚至差一点为这个IPO项目更改规章制度。

退一步讲，"股市资金总量不变"的假设也是不成立的。打个比方，杭州的武林广场一带有好几家百货商场，正是因为这样，这一带的商场竞争更激烈，顾客可选商品更加丰富，使武林商圈远近闻名，全杭州、乃至省内外的顾客都会来购物。试想，若只有一家商场，武林商圈的顾客还会这么多吗？

所以，市场容量的考量，其实是个伪命题。A股市场也是这个逻辑。资金总量应该是动态的，取决于这个市场的公平、公正程度及赚钱效应。

事实上，我一直认为，A股的问题，不是因为IPO太多了，相反是因为人为制造"稀缺"，IPO太少了。IPO太少的结果是，投资者投资时缺少选择权，可以说"饥不择食"。其后果是，只要获得上市的资格，不管什么公司，不管什么发行价，都能成功发行，都能在A股市场圈到钱。到了可以大小非套现的时候，不管企业经营得怎样，稍微制造点题材和热点，便能套现成功，无需愁没人要。

我想，这也是管理层推进和实行"发行注册制"的核心逻辑。

**价值投资者最怕的是造假**

说到"发行注册制"，很多人就会想到股票趋向无限量供应，担心"圈钱更疯狂"。

事实上，当股票趋向无限量供应后，企业反而圈不到钱。因为备选投资股票非常多，投资者为此有了更多选择，更有底气"用脚投票"。

企业上市，通俗一点讲就是企业"出售股权"。实行"注册制"，就是政府把能否上市的权力还给市场。

这么多年，证监会发审部门一直"越俎代庖"帮投资者选公司，但从市场表现来看，我们会发现其选公司的能力很糟糕；同时，因为权力太大，权力寻租或腐败的传闻倒是不少。

实行"注册制"后，有资格卖股权的企业将非常多，意味着证券市场必然要走向市场化，投资者更加挑剔。未来能不能上市，能不能融到资，市场说了算，投资者说了算。比如，万洲国际（原双汇国际）就因此在香港上市失败。

这个现象，从经济学分析就是：严格的退市制度及 IPO 企业无限量供应，从而让资金稀缺而不是上市资格稀缺，使资本市场实现优胜劣汰，这是"市场在资源配置中起决定性作用""重塑 A 股的定价功能"的重要前提。

相比之下，价值投资者最怕的其实是造假、信息不对称。这倒确实是监管部门的工作重点和核心。为此，在 A 股市场由"核准制向注册制过渡"的同时，监管部门要进一步严格信息披露制度和退市制度，完善相关索赔和处罚机制。同时，不能停留在对上市公司或证券公司的监管和处罚上，还要制定科学的机制和制度，防止和严惩监管部门人员自身的渎职等违法行为。

这样一来，作为投资者和融资者的纽带，证券市场才能真正实现资金优化配置的功能，使得可以用好钱、有效率的企业获得最有力的资金支持，从而使证券市场成为经济增长的强劲动力，使投资者和融资者获得双赢。

# 谈阿里在美上市，A 股输在法治①

> "阿里巴巴选择在美上市"给我们一个重要启示，当资本市场越趋向市场化，经济运行越市场化，其对法治也提出越高的要求。因此，当前背景下，法治已成为深化改革的必然选择。随着十八届四中全会的临近，有研究机构在分析哪些股票是依法治国概念股。其实，若法治建设能取得重大进展，A 股市场全部股票都是依法治国概念股。

阿里要上市了。② 遗憾的是，由于此次阿里巴巴是在美国上市，普通的境内投资者很难从中参与投资和分享。

回顾阿里巴巴集团的上市之路，按"市场在哪里，上市地选择哪里"的原则，阿里最理想的上市地应该是 A 股市场，其次是港交所，但阿里巴巴最终选择了纽交所。

表面上看，阿里巴巴最终选择在美上市是因为受到 A 股及香港证券市场各种规则的限制，但深入研究，你会发现，归根到底是受到相应市场的外部法治环境的制约和影响。

因为资本市场是对法治高度依赖的市场。证券市场各种规则的制定，各种制度的创新，需要所在地的法治环境和土壤作为保障。

阿里的上市地选择提醒我们，在当前资本市场的市场化等改革过程中，相配套的治法建设必须同步跟进。换句话说，"法治强则市场兴"，当前资本市场改革能否取得成功，法治建设将是至关重要的一环。

随着十八届四中全会（主要议题是"依法治国"）的临近，有研究机构

---

① 本文写于 2014 年 9 月。
② 新浪科技 2014 年 9 月 22 日，《阿里登顶全球最大 IPO》。

在分析哪些股票是依法治国概念股。其实，若法治建设能取得重大进展，A股市场全部股票都是依法治国概念股。

为何纽交所会同意"同股不同权"？

众所周知，阿里方面与港交所"谈判"破裂的原因是，港交所当时坚持"同股同权"的交易原则，不接受阿里巴巴的"合伙人制度"。因为"合伙人制度"意味着"同股可以不同权"，创始团队可以以少量的股权控制企业。

在这场角逐和竞争中，A股证券市场直接出局。因为除了不接受"合伙人制度"外，A股的规则（包括潜规则）里还有很多其他的限制。在这一系列规则下，阿里巴巴在A股上市绝无可能。

话说回来，为何纽交所能同意"同股不同权"呢？

记得在当时，针对是否允许阿里"同股不同权"，香港证券业人士及港交所内部曾进行过热烈的讨论。反对者认为，美国的"同股不同权"制度之所以运行良好，是因为他们以披露为主的市场机制，与美国的法治环境、严格的外部监管及集体诉讼文化有关。

也就是说，美国良好的法治环境，可抗衡"同股不同权"带来的负面影响，确保证券市场相对公平，参与者尽可能诚实可信。公开资料显示，目前美国最大的几家公司，比如Google和Facebook，都是以特别投票权来维护创办人的地位。

说实话，我也曾一度对纽交所同意上市公司"允许同股不同权"架构难以理解。我当时的想法是，这明显有违公平原则。

后来，我想通了。企业治理毕竟不同于国家治理，企业上市其实就是卖股权，就是交易。而交易的公平性，关键还是体现在真实、诚信和自愿上。

打个比方，二手车市场里有很多汽车。有的九成新，有的是经过改装的，有的是罚单没处理的，有的甚至是事故车。这些车都可以在市场里卖。关键是，卖家卖车时要如实地告诉买家车辆的真实情况。能不能卖出，那要看买家的选择。

至于阿里巴巴的"合伙人制度"，有些投资者可能不喜欢。但有些投资者可能有截然不同的想法，他们会认为比起投资机构，创办人更关心公司的长期发展和利益。

### 证券市场间最终比拼的是法治环境

同样的道理，拟上市企业财报的真实性，比报表是否显示盈利显然更为重要。

这些年，因为"最近三个会计年度净利润为正数且累计超过 3000 万元"的上市财务标准等因素，不少 IT 企业被迫到境外上市，让境外投资者获得投资机会和分享。

但事实上，股票投资的是未来，一个企业当前是否盈利也本来不应该作为可否上市的必要条件。

当然，上述种种更具包容性和市场化的上市规则需要严格的信息披露制度及相应的法治环境作为保障。

从 A 股市场的实践来看，保护投资者利益的只能依靠法治的力量，依靠公平、顺畅的索赔机制。相比之下，严格的审批、盈利指标、控制上市节奏及强制分红等各种限制和手段统统没有效果。

根据上述分析，各大证券市场之间表面上比拼的是监管、服务，本质上更重要的是所在地的法治环境。哪里的规则和法律能够更好地保护投资者，当地的证券市场便更具包容性，能够吸引到更多的资金及企业入场。

目前，国内资本市场正在推进实行注册制、完善退市制度等一系列改革。对此，2014 年以来，我曾多次撰文呼吁管理层要下决心推进市场化改革，应给出时间表。因为只有根本性的改革，A 股市场才有希望，普通投资者才有机会，才能使证券市场发挥"配置资金"的功能。

而"阿里巴巴选择在美上市"给我们一个重要启示，当资本市场越趋向市场化，经济运行越市场化，其对法治的要求也越高。因此，当前背景下，法治已成为深化改革的必然选择。

知名经济学者刘胜军在达沃斯论坛上指出，"过去 30 年主要是搞经济，未来 30 年搞法治"。对此，我颇为认同。

很多时候，我们分析国内的一些经济现象、扭曲或改革难题，最后的症结常常会指向法治问题。

可以说，长远来看，不仅仅是资本市场，不同经济体之间，归根到底比拼的也是法治。

# 解析 A 股的"不死鸟"现象[①]

> 和赌场做局一样,很多时候,A 股市场里一些垃圾股天天涨,其实只是自导自演,只是利用人性的贪婪,想把你忽悠进去(股市里俗称"坐庄")。因此,作为普通投资者,我们要切记,业绩和未来成长性才是选股的唯一标准;切记不要因喜欢刺激或因贪婪,去听信消息买了"烂苹果"。

近日,上交所发布了关于终止中国长江航运集团南京油运股份有限公司(*ST 长油)股票上市交易的公告。据悉,*ST 长油成为央企首家退市股。[②]

公开资料显示,凭着央企等光环,截至 2014 年初,*ST 长油已吸引到 14.9 万名投资者。随着它的退市,广大股民手里的*ST 长油股票可能一钱不值,血本无归。他们的遭遇令人同情。

与之形成鲜明对比的是,这些天,股市中的一些大盘蓝筹股涨得不错。这主要可能受一些消息的刺激。不过,我认为,大盘蓝筹股上涨的核心因素,是因为他们确实便宜,有良好的业绩做支撑。

大盘蓝筹股的上涨,算是价值回归。至少,相比那些 ST 垃圾股,以及近百倍市盈率的所谓"成长股",大盘蓝筹股真的不贵。

这些年,我在 A 股市场略有盈利。有朋友问我,选股的技巧是什么?我的回答是八个字,"业绩、业绩,还是业绩"。

不得不承认,长期以来,我说的选股技巧,即"价值投资"在 A 股很难

---

[①] 本文写于 2014 年 4 月。

[②] 《每日商报》2014 年 4 月 12 日,3 版,《*ST 长油开创 A 股市场央企退市先河》。

有市场。这是由于证券市场存在制度缺陷,优胜劣汰功能"失灵",市场的定价功能被扭曲。

与此相对应的是,A股确实有"零和游戏"的特征。当一些上市公司业绩实在很差,将会被"ST"时,往往会被重组,脱胎换骨后,股价又有可能涨回来。这也被称为A股的"不死鸟"现象。

也因此,不少投资者把A股市场比作赌场。按他们的理解,股票像是赌场里"买大小","小"开多了,总会开几次"大"。

这就好比,在一个水果超市里,已经开始烂的苹果仍旧可以继续卖。与此同时,偶尔运气好,你手里的烂苹果可能可以换个好的。如此一来,很多人便有侥幸心理,不管苹果有没有烂,都愿意买。有时甚至还赌上一把,听信消息,花高价买了一堆烂苹果。

但所谓"十赌九输"。和赌场做局一样,很多时候,A股市场里一些垃圾股天天涨,其实是有人自导自演,是利用人性的贪婪,想把你忽悠进去(俗称"坐庄")。所以,听信消息的结果往往是:上当受骗。

长此以往,受骗的人多了,信任这个水果超市的顾客越来越少。其结果是,好苹果也卖不出去,或卖不到合理的价格。同时,顾客想买苹果(即开展投资),但不敢买。这个水果超市失去了其应有的价值和功能。

目前,针对上述问题,注册制等证券市场改革正在推进,A股的定价功能正在重塑,价值投资正在回归的路上。我想,在这些新政下,A股市场的投资风格和逻辑肯定将发生巨大的变化。

不管如何,作为普通投资者,我们要切记,"业绩和未来业绩预期"才是选股的唯一标准;切记不要因喜欢刺激或因贪婪,去听信消息买了"烂苹果"。而前述*ST长油的退市及投资者的遭遇,正是对我们最好的警示。

# 给 A 股创业板泼些冷水①

> 不否认,会有一些创业板企业实现"从优秀到卓越"的飞跃。但目前中国法制有待完善,经济增速又放缓。在此背景下,当企业发展到一定规模时,成长易遭遇瓶颈。所以,"从优秀到卓越"的创业板企业的比例应该不会很高。加上经历前期大涨之后,创业板目前的估值已经很高。所以,如果我是肖钢,我也肯定挺蓝筹。

过去一年,虽然 A 股市场总体算是跌的,但创业板的表现一直很好。数据显示,涨幅在 80% 左右。

无怪乎,现在不少投资者眼里只有创业板。正因为如此,我感觉很有必要给 A 股创业板泼些冷水。

首先,经历前期大涨,创业板目前的估值已经很高。Wind 数据显示,截至 2013 年 12 月 31 日,创业板整体市盈率(即每股价格和每股收益的比率)为 53.56 倍。相比之下,沪深 300 整体估值只有 8.65 倍,全部 A 股估值为 11.29 倍。

对此,很多人可能会反驳说,创业板是成长企业,估值本应该高一些。但问题是,当前创业板公司的业绩支撑不了 50 多倍的市盈率。据 2013 年 A 股上市公司三季报的相关统计数据,创业板企业的整体利润增幅,并不如主板。

当然,不否认会有一些创业板企业实现"从优秀到卓越"的飞跃,有很好的前景。但目前中国法制有待完善,经济增速又放缓。在此背景下,当企业发展到一定规模时,成长易遭遇瓶颈。所以,"从优秀到卓越"的创业

---

① 本文写于 2014 年 2 月。

板企业的比例应该不会很高。

其次，我们要小心创业板的大小非套现问题。2014年1月，只有1家创业板公司获自家高管增持，却有60家创业板公司遭到减持，合计套现额高达12.86亿元。

很多中小投资者反感大小非套现。其实，这完全是市场行为。如果股价很低，你哭着喊着要高管们减持，他们也不干。若创业板2014年继续涨，可以想象，大小非套现会更凶猛。

此外，在目前的A股市场中，主板和中小板企业的股价是包含壳资源价值的。但证监会已经明确，创业板不可以借壳。所以，理论上讲，在发行未完全市场化之前，相比主板或中小板企业，创业板应该"折价"。

说实话，上述这些逻辑和分析，算是老生常谈，但事实的确如此。

关于投资逻辑，一般可以有两种：一是买下并认为有下一个人会以更高的价格接手；二是认为自己手中的投资品，价值被低估。前一种，其实是投机。现在，很多创业板企业的股价已进入泡沫阶段，投机味十足。

不排除，因财富效应及人们的贪婪和侥幸心理，创业板或许能吸引各路资金继续追捧一段时间。创业板指数甚至可能会涨到2000点。

但做投资，风险控制应该是第一位。因为已经偏离了基本面，1500点到2000点，最后这500点的机会，越往上，风险越大。若没有很大把握，建议放弃。

任何投资品，短时间涨多了，必然出现获利回吐，有回调的压力。借用投资大师沃伦·巴菲特的话："在别人恐慌时贪婪，在别人贪婪时恐慌。"总体感觉，现在买创业板，还不如从被冷落的蓝筹中选个把公司。如果我是肖钢，我也肯定挺蓝筹。

# 监管层"金牌"助推创业板泡沫[①]

> 监管层"金牌"有违以"注册制"为代表的市场化改革精神,同时,金牌正在给"注册制"制造麻烦。其背后的实质是,"市场的手"与"政府的手"两种监管模式和思维的冲撞。我想,这其中,不仅有思维惯性,还有利益的博弈。

2015年1月至5月,出乎我意料的是,创业板一直表现抢眼。

公道地讲,在创业板中,确实有少数极具成长性的企业。但以创业板目前整体100倍左右的市盈率来讲,泡沫化程度已显而易见。

既然如此,为何创业板公司的股价会"勇往直前"呢?我认为,这其中,监管层这段时间陆续发出的"金牌"可能是重要原因之一。

据媒体统计,证监会2015年以来已经8次警示风险,也被称为"八道金牌"。

这些所谓的"金牌",经过媒体解读之后,给投资者带来了某种心理暗示,即监管层希望"慢牛",也就是说,不希望A股涨得太快,否则可能引发"严重后果"。

因此,每当沪指大涨,各方投资者开始隐隐担忧,怕惹监管层生气。与此同时,经历前期大涨之后,原本就敏感的投资者似乎也心领神会,在上述心理暗示下,把做多的热情大多释放到中小盘股上,创业板自然因此得到更多的关注和青睐。

至于泡沫和风险,早就被疯狂而热情的投资者抛在脑后。"其实,按以往的投资教训,投资者最怕的是监管层动怒。同时,当进入泡沫阶段,

---

[①] 本文写于2015年5月。

中小盘个股的投资逻辑也发生了根本变化,即从'分析价值和估值'到'研究有没有人接手',其实就是投机。这样一来,市盈率80倍,还是120倍,已经不再重要。"一位机构的朋友如是说。

正是在上述逻辑下,以2015年"1·19"为重要的分水岭,每当监管层的"金牌"一出,沪指当日或随后几日一般会应声下跌。同时,伴随着监管层陆续推出的"金牌",创业板等中小市值股票却不断上涨。最明显的要数4月29日,监管层在当天"隔空喊话"提示风险,创业板应声大涨超4%。

### 没有谁比A股投资者更知晓风险

说实话,我不知道该如何评价监管层对市场的一次次"风险警示"。

我很想说的是,投资的风险其实无需证监部门提示,尤其是在A股。因为,没有哪一个国家的投资者,会比A股投资者更知晓股市的风险。我们回顾中国证券市场史,在中国经济高速增长时,A股市场的投资回报率却低得惊人。大部分股民是"十投九亏",家破人亡的故事也屡见不鲜。

而在那一二十年里,监管层最多曾经连续发过12道金牌,后来效果如何呢?

事实上,管得太多反而会弄巧成拙,事与愿违。老股民们也都知道,导致很多股民损失惨重的往往正是这些"金牌"。无怪乎,A股投资者对于证监会"金牌"有莫名的恐惧。

所以,在当前,在A股市场化改革推进的过程中,我实在很难理解这些所谓"金牌"的用意。我宁可理解为,所谓的金牌,其实是外界媒体对监管层的误读。我更不愿相信,若沪指继续大涨,监管层会"出重手",直接干预市场。

### 泡沫加重或加大注册制推行难度

眼下,不论证监会"金牌"的意图是什么,其客观上确实助推了创业板泡沫。

资本市场有点泡沫本无可厚非。但是,在即将进入"发行向注册制过渡"的衔接期,我担心的是,过度的泡沫将成为"推迟注册制,以保护投资者"的借口,很可能因此给 A 股市场化改革的过渡与衔接增加难题,加大注册制推行的难度。如果以"阴谋论"思维去思考,注册制推迟对部分证监部门官员确实是有利的。因为其可以让发审官员们继续保留手中的大权。

由此分析,监管层"金牌"有违以"注册制"为代表的市场化改革精神,同时,金牌正在给"注册制"制造麻烦。其背后的实质是,"市场的手"与"政府的手"两种监管模式和思维的冲撞。我想,这其中,不仅有思维惯性,还有利益的博弈。

写到这里,有人肯定会问我:难道监管层应该看着 A 股疯狂而坐视不管吗?

当然不是。A 股市场化改革的大方向,已经赋予了监管部门更多的重要职责,即加强市场监管,维护市场公平。比如,打击内幕交易,操纵股票,及信息披露过程中的欺诈行为等。

另外,目前将要进入"向注册制过渡"的重要阶段,同样重要的是,放松对新股发行及上市的管制。

为此,我想劝证监部门"少说多做"。既然现在有那么多企业需要融资,又有那么多投资者想投资 A 股,那你就多发新股呗。眼下,新股发行已在加快,但以目前投资者的热情,从市场化的角度来看,更快一些,也可以理解。毕竟,股票不是收藏品,股市也不是赌场,其主要作用是要成为投资者和融资者的桥梁。

# 股市:持久能力与赚钱能力呈正相关①

> 若反复换股,你要问自己,当时下单买入时是怎么想的,是不是仅把股市当作赌场,买大小,碰运气?证券市场不是赌场,也不应该是赌场。A 股也不例外,对于普通投资者而言,"持久能力"与赚钱能力其实是正相关的。所以,如果你认为是被低估的优质个股,请坚定持有。如果不会选股,建议远离。没必要为这种进进出出的快感,花那么多钱。

某知名财经网站对网民开展了一次 2013 年 A 股投资者生存状况调查。结果显示,受访股民亏损比例高达 65%;其中,48.7% 亏损超 20% 以上,22.4% 亏损超 50% 以上。

其实,2013 年的股市并不那么糟糕。公开资料显示,沪指全年跌幅仅为 6.75%,中小股民喜欢投资的创业板则累计涨幅达 82.73%。按理说,股民应该赚钱才对。

对此,我和几个炒股的朋友聊了一下,发现亏钱多的,大都有一个共同点——换股太频繁。有个朋友,基本上每 10 多天换一次股,如此算下来,一年换股有 25 次左右。如果每次换股的成本约 5‰,这位朋友一年的炒股成本约为 13%。

事实上,一般的投资项目,即使是股市,在没大行情的年份,100 万元投进去,年收益有 13 万元,就相当不错了。但频繁换股的人,仅交易成本一年就花了 10 多万元,这叫他如何赚到钱?

很多散户投资股市,一般是稀里糊涂地买了一只股票,稍微跌了一

---

① 本文写于 2014 年 1 月。

点,有点怕,就扔了。若是稍微涨了点,也"赚钱赚怕了",抛了。以至于,身边常有人大叫:"这股票果真大涨,我判断没错,可惜没拿住。"

如果常有这种情况,你一定要问自己,当时下单买入时是怎么想的?当初的决策为何这么容易动摇呢?这样的炒股方式,和赌钱有啥区别呢?像2013年这样的市场,小市值的股票表现很不错,中小股民买到股票后上涨的概率明显大一些。但反复换股的高额手续费最终还让他们赚不了钱。

也有不少人,换股次数确实不多,可能几年都没换。因为买下某股票后,该股跌得太凶,一直被套牢。他们认为股市就是赌场,像"买大小",跌下去后,总会有涨上来的时候。

说实话,目前的A股确实有一些赌场的特征。很多跌到很低的绩差股,确实可能被借壳,"乌鸡变凤凰"。但需要提醒的是,从趋势上看,随着新股发行市场化改革的推进,这种概率今后会降低。比如,创业板已明确不允许借壳。所以,投资者要留个心眼。

总的来说,我们不否认,市场上有一些短线高手,但只是少数。这些年,由于各种原因,我遇到过不少炒股高手。交流下来,他们更多采用的操作手法是:谨慎选股,严密分析,坚定持有,深幅下跌时可能补仓,到达或接近目标价时卖出。

很多人都以为私募大佬一般是短线高手。前几天,遇到一个私募基金经理,顺便聊起这个话题。对方表示,视不同的品种而定。有的两三年换股,有的两三个月换。他们这个手法在业内比较普遍。

由此看来,在股市,"持久能力"与赚钱能力应该正相关。如果认为有优质的个股,坚定持有。如果不会选股,建议远离。证券市场不是赌场,也不应该是赌场,没必要为这种进进出出的快感,花那么多钱。

# 证券市场监管要比肩"超五星酒店厕所"①

中国金融业,特别是 A 股市场的滞后服务和投资融资功能,已经无法满足国内经济转型的要求,跟不上经济发展速度。鉴于此,我本想呼吁,A 股市场监管应该比照食品监管,要对一切违法行为保持高压态势。但是,国内食品领域一直问题不断。于是就换个比喻,称其应比肩"超五星酒店厕所",要时刻保持洁净,对任何微小污垢和苍蝇都"零容忍"。

分析 A 股未来的趋势,应该取决于两个方面:一是经济走向;二是证券市场正在进行的改革。同时,前者又一定程度依赖于后者的作用力。如此看来,证券市场改革能否成功,将左右中长期股市走向。

让人欣喜的是,一段时间来,证券市场等金融行业的市场化改革在有条不紊地推进。

在这样的背景下,如果说有忧虑,我最大的担心是,在推进注册制等证券领域市场化改革的同时,相配套的信息披露、退市等监管机制和制度能否跟上。

可以想象,在完全市场化的 A 股市场中,符合条件基本上就能上市。今后,股票将趋向于无限量供应,若缺乏有效的监管,后果不堪设想。当监管缺失时,即便已实施各方期待已久的市场化改革,也谈不上实现市场优化配置,更谈不上效率。

鉴于配套监管机制的重要性,我本想呼吁,A 股市场监管应该比照食品监管,要对一切违法行为保持高压态势。但是,国内食品领域一直问题

---

① 本文写于 2013 年 12 月。

不断。于是就换个比喻,称其应比肩"超五星酒店厕所",要时刻保持洁净,对任何微小污垢和苍蝇都"零容忍"。

一直以来,境内证券市场的重要性常被忽视。有人把 A 股当作圈钱的工具,有投资者甚至将其看成开展投机的赌场。

事实上,作为金融业的重要组成部分,证券市场在经济中,可以扮演很重要的角色。其作为配置资本的市场之一,是"经济的晴雨表",是企业和投资者投融资的桥梁,也是经济增长的重要动力和支撑。

这几年,国内涌现了阿里巴巴、百度、腾讯等与民众生活息息相关的互联网巨头。

他们出境融资也是无奈之举,如果 A 股市场也能像中国香港、美国等市场一样提供便捷的融资服务,内地或本来可以有更多在国际上有影响力的明星企业,有更多好的创业项目会获得融资,也会有更多的投资者可以从中获得收益。

在很多发达国家和地区,证券业规模和地位是超过银行业的,在内地,却是反过来的。这种局面,造成了广大企业对银行业的过度依赖,这也是贷款需求和利率水平居高不下的重要原因之一,对经济的负面影响不言而喻。

据此分析,中国金融业,特别是 A 股市场的滞后服务和投资融资功能,已经无法满足国内经济转型的要求,跟不上经济发展速度。因此,以目前中国经济的处境,金融领域改革可谓是"背水一战"。尤其是证券市场的改革,可以说,事关经济稳定、经济安全及未来经济增长的可持续性。说对其监管的重要性,不亚于食品安全问题,也不为过。

为此,监管方面,我们可以多借鉴西方成熟的制度,严格规范上市公司的信息披露;要完善相关民事索赔的法律、法规,一定要让作假的企业付出昂贵的代价。

同时,需要重点指出的是,对执法人员的渎职、受贿等行为,务必要建立严格的制度和机制。对这些人若监管不到位,上市公司的一切监管制度、信息披露制度都将形同虚设。

可以预见,若证券市场的监管能像"超五星酒店厕所"一样透亮、干净,中国经济必将可期,中国牛市也将可期。

# 证券市场改革目标:把赌场改回市场[①]

> 赌场和市场的区别在于:在赌场中,是零和游戏,上市公司股东、庄家、手握发审重权的官员、投机高手是赢家,可以说,他们是既得利益者;在市场中,优化资本配置的功能得以实现,投资者和融资者可以双赢,经济得到提振,中小投资者才有机会成为赢家。

这些天,股市跌了一些,银行股基本都跌破了市净值。在这样的背景下,老艾等一些股票专家纷纷开始呼吁管理层救市,一时间赢得无数点赞。

不过,我认为,管理层当前的工作重点不应是救市,更不能采取那些违反市场规律的救市措施。管理层当前的工作重点,应该是市场化及规范信息披露等改革。也就是要把 A 股原先这个赌场,改革成一个完全市场化的、干净的市场。

赌场和市场的区别在于:在赌场中,是零和游戏,上市公司股东、庄家、手握发审重权的官员、投机高手是赢家,可以说,他们是既得利益者;在市场中,优化资本配置的功能得以实现,投资者和融资者可以双赢,经济得到提振,中小投资者才有机会成为赢家。

## 这些救市措施没能改变 A 股赌场的特征

研究一下老艾提出的几大救市措施:大股东增持、限制机构做空、暂缓 IPO 重启、取消印花税等。其实,这些救市措施,并不陌生。从 1994 年开始,为了救市,仅 IPO 暂停已经用过八次,全球证券史上罕见;汇金增持

---

① 本文写于 2013 年 12 月。

的次数也不胜枚举。

不仅如此，一直以来，监管部门还根据市场的涨跌及市场容量，调节公司上市的节奏和数量。另外，由于担心投资者在股市亏钱，监管部门还设置了涨跌停板；该退市的企业，考虑到投资者可能的损失，迟迟没让其退市，成为"不死鸟"。

从历史上的这些救市措施，似乎可以看出，中国的监管部门是最负责的，也是最为投资者着想的。但事与愿违，过去 10 年，中国经济高速增长，A 股市场的投资回报率却低得惊人。同时，A 股市场中，圈钱、投机成风。广大股民可能只在救市后开心了几天，但并不会因那些救市措施真正恢复信心。

根本的原因是，这些救市措施一直没有改变 A 股市场赌场的特征，治标不治本。股市本来是投资和融资的一个中介平台，股民本应该靠投资靠谱的企业赚钱，投资者和融资者本可以双赢。但在 A 股市场，上市的机会竟是稀缺资源，股票如同收藏品一样，被炒来炒去。

要知道，A 股市场这个赌场是有抽头的，每次交易都要付费，所以，中小股民不会真正赚到钱。即使因为管理层救市偶尔赚到一点钱，也只是让人上瘾，失足更深。

中国股市为何成为赌场？其背后的原因是，原先的证监部门做了本该由市场决定的事，越俎代庖，替投资者挑选自认为最靠谱的公司上市。而对于信息披露、企业作假等本该严管的，却监管没到位。实践证明，政府用行政手段配置，往往不如市场的配置更有效率。

## 救市若违反市场规律或被利用

企业上市，通俗一点讲，就是出售自己的股权。卖东西本是完全的市场行为，但谁承想，要拿到上市的资格却那么难。

打个比方，有很多人想在杭州的西湖边开包子铺。政府却用行政手段，只选了其中两家，其他人不准开。政府给出很多理由：你包子口味不如人家好；或者说，顾客数量有限，目前只能容纳下两家，你再排队等等。最后，西湖边的包子铺很稀缺，包子不愁卖，顾客只能二选一，价格高，口味也不好。在这样的机制下，政府后来想了各种方法，却都无济于事。

其实，顾客自己会选喜欢的包子。政府只要设立一个标准，并对虚假宣传、卫生状况进行严格的日常监管就可以了。符合标准的包子铺，都允许开，把选择权留给顾客，市场到时会决定卖家的去留。如果杭州西湖边的包子铺出名了，全国各地的顾客都会慕名而来，不担心没有顾客。

所以，真正救市是改革这个包子市场的运作机制。证券市场也一样，市场化的原则下，符合标准的企业都应该有上市的资格。至于这么多拿到资格的企业，谁能获得投资者的青睐，成功发行并挂牌上市，由市场决定。这样一来，严格的信息披露、市场化的原则及退市制度，将使证券市场向价值投资回归，市场投资者将趋向理性，投资者自然将在市场中获益。

在我看来，目前证监会的改革，方向是对的。当然，这样的改革，将让很多证监发审官员失去手中的权力，并要在市场信息披露环节的监管上付出更多的努力。另外，还有很多其他既得利益者，阻力会很大。作为赌场的长期受害者，我们要给管理层一些支持和鼓励。

说实话，没有人会反对救市，但违反市场规律的救市措施，已经被历史证明，作用有限。我担心这样的救市会阻碍当前证券市场的市场化改革，被既得利益者利用。

# 肖钢应把多数骂声当作耳边风①

> 历史证明，以市场干预带来的牛市，只能让中小散户们高兴几天，但赚了钱后，反而使他们在股市中越陷越深。其实，广大散户亏损的根源是股市的制度缺陷，圈钱、投机成风也是由此造成的。所谓"解铃还需系铃人"，长远来看，能救广大散户的，只有证券市场根本性改革。

IPO 重启十多天了，投资者又是期待又是担忧。

A 股市场熊了这么多年，广大股民都盼着马上能牛起来。但是，证监会及负责人肖钢当前的任务和使命并不是短暂的牛市；而是通过市场化及配套改革，让证券市场恢复本该有的作用，发挥"优化资金配置"的功能，并使其成为当前经济增长的重要动力和支撑。事实上，改革若成功，A 股也会迎来牛市。

由于目标，尤其是路径不完全一致，同时，改革需要一个过程，又不能立竿见影，甚至可能会让一些投资者遭受损失。所以，与此次 IPO 重启同步推进的改革中，肖钢难免遭遇众多骂声。

纵观历史上的改革，初期阶段，不仅会招来既得利益者的批评，也一时得不到很多受害者的理解。此次证券市场的改革也是如此。

所谓"伸头是一刀 缩头也是一刀"，在证券市场推进改革的过程中，证监会现在无论怎么做，都会被骂。所以，关键是牢记改革的使命，牢记证券市场应有的功能和作用，多听取理性的声音和建议，做出科学、正确的选择，坚定地推进 A 股市场化改革。

---

① 本文写于 2014 年 1 月。

只有这样,经济才能因此得到提振,A股市场才能形成"中小投资者赚钱"的长效机制。相信历史会给改革者一个公正的评价。

### 当前的三类骂声

分析当前的这些骂声,可分为三类:第一类,是来自当前股市的受害者。由于证券市场的制度缺陷,一些散户把股市当作赌场。他们基本不研究也不调研,买股票像下注一样,基本凭运气。因为买卖股票是有佣金的,在市场表现一般的时候,反复下注,被抽佣抽多了,肯定亏钱。其实,他们明知自己在赌,但输了钱,总想赢回来,所以,不能自拔。他们像输了钱的赌徒一样,会找各种理由骂几句,尤其是行情不好的时候。

另外,A股市场化改革过程中,壳资源价值大大走低,很多靠壳资源支撑股价的个股会受影响。这确实会给一部分投资者带来损失。

第二类,是直接或间接地来自既得利益者的声音。在当前的市场中,上市是稀缺机会,退市和信息披露制度不健全。在这样的市场中,有很多既得利益者,股市可以说是他们的提款机。改革若成功,将重构A股市场生态,他们可能会受到较大影响。

第三类,是对管理层正在推进的A股市场化改革,给出理性的提醒和建议。核心是,发行市场化改革、相配套的信息披露、退市制度,及投资者保护等。

可以说,目前网上的骂声中,第一类和第二类占了骂声的大多数。其中,第一类人数众多,第二类人有不少,相比之下,第三类最少。对于第二类的骂声,不必理会,不谈也罢。

### 能救广大散户的,只有证券市场的改革

接下来,重点分析第一类人。其实,他们对证监部门的诉求也很简单,就是一个字"涨",而且最好是"普涨"。

他们不少人想着,希望管理层干预市场,出现一次大涨。他们还幻想着,解套后就永远退出市场。所以,只要能涨,可以不计后果,不择手段,甚至可以违背市场规律。比如,最好新股发行永久暂停,让股票像收藏品一样稀缺,不管什么垃圾股,都会有资金追逐。新股若真要发行,他们则

希望发行价越低越好,让他们有钱赚。

历史上,因为顶不住压力,证监部门曾多次迎合投资者。但历史证明,以市场干预带来的牛市,只能让中小散户们高兴几天,但赚了钱后,反而使他们在股市中越陷越深。

其实,广大散户亏损的根源是股市的制度缺陷,圈钱、投机成风也是由此造成的。所谓"解铃还需系铃人",长远来看,能救广大散户的,只有证券市场的改革。

投资者希望在股市中赚钱的愿望可以理解。不过,为了广大投资者的长远利益,管理层不能迁就,绝不能违背市场规律。

## 历史会给改革者一个公正的评价

作为金融业的重要组成部分,证券市场是企业和投资者投融资的桥梁,其实是一个重要的"配置资金的市场"。

最近,有人提出,IPO重启要顾及老投资者利益。这个观点,我认同,但操作起来不现实。也有不少人提出,管理层先干预一下市场,等股市涨起来再改革。这有点像饮鸩止渴,也不现实。

改革需要一个过程,又不能立竿见影,甚至可能会让一些投资者遭受损失。所以,不管什么时候改,暂缓改革的呼声都会有。但问题是,目前的证券市场,没有发挥应有的"配置资金的市场"功能,跟不上经济发展的需要,让中小投资者老亏钱。在当前的经济特殊时期,相关改革已经迫在眉睫。

在我看来,亏损是最好的风险教育,让市场和投资者回归价值投资,除非是卖家作假、信息披露违规,监管部门渎职等原因,否则,由投机引发的亏损,买家自己应承担主要责任。

舆论和批评是对监管部门的鞭策和监督。但我们不能因为亏了钱,就胡乱骂一通,甚至提出过分的要求;否则,在目前证券市场正在推进改革的时候,当前股市中的受害者,容易被既得利益者误导和利用。

分析上述三类骂声,当前相当部分的骂声,其实是无知的、短视的,甚至是居心叵测的。对于证监会而言,在证券市场的改革过程中,不能心软;若一心软,一出手干预市场,市场化的改革又回到原点,前功尽弃,离"实现资金优化配置"的证券市场渐行渐远。

# 期待强制分红是因信任缺失[1]

对分红的期待的背后是,投资者认为"只有发到手里的钱才是真的",至于上市公司财报、信息披露什么的,都不可信。试想,若缺乏投资者的信任,这个市场好得起来吗?更谈不上实现资本市场对资金的配置功能和投资者回报。为此,比强化投资者回报更重要的应该是,让投资者信任这个市场。

有媒体报道,证监会鼓励分红等强化投资者回报举措会在近期出台。

上市公司现金分红是资本市场的一项基础性制度。该制度的现状和改革,一直受到各方关注。

数据显示,2010 年至 2012 年,境内实施现金分红的上市公司数占比分别为 50%、58%、68%,现金分红比例分别为 18%、20%、24%。

2013 年 11 月 30 日,证监会发布《上市公司监管指引第 3 号——上市公司现金分红》,指出上市公司董事会应当综合考虑所处行业特点、发展阶段、自身经营模式、盈利水平等因素,提出差异化的现金分红政策。

2013 年年底,国务院公布的《关于进一步加强资本市场中小投资者合法权益保护工作的意见》也提及,要引导和支持上市公司增强持续回报能力。

对此,有很多人表示期待。不仅如此,不少投资者甚至呼吁应推出强制分红制度,以此确保投资回报。

其实,这存在一定的误区。强制分红的想法并不现实,因为对于一个企业而言,手头若没什么现金流,借钱分红显然不太合适。而且商场如战

---

[1] 本文写于 2014 年 4 月。

场,时间就是金钱,即使对于手里现金比较多的上市公司,若刚好需要资金进一步扩大经营,实施新的战略,也不能因分红而搁置。毕竟投资者回报的大前提是上市企业的持续赚钱能力。

所以,是否有能力分红,取决于企业的盈利能力。而是否要分红,则是根据企业自身情况、发展阶段做出的决策,实在没法强化或强制。

对此,证监会负责人曾接受媒体采访时也明确表示,将鼓励上市公司分红,不要求强制分红。

不过,在我看来,不管是要求监管部门鼓励分红,还是期待强制分红,都是由于投资者对当前证券市场监管及对上市公司的不信任引起的。

按理说,投资者应该更多着眼于长远,希望公司发展壮大,而不是要求年年有很高的回报。所以,这种期待和诉求背后的逻辑是,"只有发到手里的钱才是真的",至于上市公司财报、信息披露什么的,都不可信。

让人担忧的是,这种逻辑和思维是很多人对当前证券市场的感观,有一定代表性。这确实需要引起管理部门的重视。

试想,若大部分投资者对证监市场的监管、对上市公司的信息披露缺乏信任基础,这个市场好得起来吗?更谈不上实现资本市场对资金的配置功能和投资者回报。

为此,比强化投资者回报更重要的应该是,让投资者信任这个市场。这是一个迫切需要推进的系统工程。

# A 股市场牛熊检验此轮经济改革成败<sup>①</sup>

> 当前,上市本身成为一门生意、一门买卖,被称为"造富运动"。这种赢利模式横行的结果是,证券市场成为权力寻租和圈钱的工具,企业上市最终成为对普通投资者的掠夺。为此,证券市场改革的核心应该是,减弱、甚至消灭上述被扭曲的赢利模式,建立"利己需要先利人"的赢利机制。

2014 年五一前夕,大盘再次跌到 2000 点附近。股民们的热情再一次降到了冰点。

知名投资大师沃伦·巴菲特说:"要在别人恐慌时贪婪,在别人贪婪时恐慌。"那么,此时会不会是投资 A 股市场好的时点呢? 说实话,我不好回答。

从管理层的公开表态来看,与以往不同,资本市场改革在此轮经济改革中占据了很重要的地位。同时,牛市往往还需要经济的支撑。

为此,我只能说,A 股市场大牛市可以有。至于会不会有,是小牛还是大牛,将取决于正在进行的经济改革能否取得成效,取得多少成效。

换句话说,A 股市场未来的走向,一定程度上可以说是检验此轮经济改革成败的试金石之一。说句不好听的,两三年,或三五年后,若 A 股市场还是这个熊样,或者比现在还差,那么只能说,这轮经济改革是失败的。

## A 股市场大牛市可以有

前阵子,A 股市场出了不少所谓的重大"利好",比如港股直通车、优

---

① 本文写于 2014 年 4 月。

先股等。还有很多人说，T＋0 才是重大利好。

这些政策是如何被包装成"重大利好"的，我实在不懂。这些政策，可能有助于市场更加与国际接轨，促使 A 股市场风格转换，但肯定不是此轮证券市场，乃至资本市场改革的核心。

在我看来，A 股市场会否反转，会否大牛，取决于两个方面：一是证券市场改革；二是经济走向。

这些年，中国经济高速增长。A 股市场的表现，却与经济严重背离。这是因为，A 股证券市场存在严重的制度缺陷，因此，证券市场改革的核心，应该是改变"股市与经济严重背离"的现状，建立"利己需要先利人"的赢利机制和市场制度，使证券市场发挥"配置资金"的功能。

经历了前期经济高增长之后，当前国内经济正处在转型期和调整期，存在一些经济下行的风险，比如房价下跌、人民币汇率贬值预期、存款利率市场化等。

A 股市场近段时间的表现，与上述经济下行的风险也不无关系。显而易见，若经济持续降温或出现大的风险，肯定没有牛市可言；而这些问题的缓解或解决，还取决于正在进行的经济改革。

同时，在此轮经济改革中，资本市场改革处于很重要的地位。事实上，一个健康的证券市场，作为企业和投资者投融资的桥梁，可以成为经济增长的强劲动力。不仅如此，A 股牛市可以增加民众资产性收入。民众有了钱，就更舍得消费、敢于消费，从而提振内需，带动一系列产业，形成良性循环。这对于当前经济和改革无疑是注入了一剂"强心针"。

从历史上看，A 股市场的每一轮大牛市都因政策，或因改革而引发。比如 2005—2007 年 11 月，沪指涨到 6000 多点，是起于当时 A 股市场股权分置改革。

目前，经济改革正在推进。可以说，A 股市场正在牛市路上。不过，小牛、中牛、大牛，还是熊市，一切还取决于改革最终的成效，取决于当前的经济改革能否克服既得利益的阻力，顶住保守势力，并取得成功。

### 改变 A 股市场当前的赢利模式

事实上,也只有证券市场根本性改革,把现有的制度缺陷去除掉,才是真正救市。

而对于 A 股市场制度缺陷的分析,可以从其当前主要的赢利模式入手。

从市场经济学的角度分析,任何好的制度都有一个共同的特点,即在此制度设计下,"利己需要先利人"。当个体为自己需求或利益努力的同时,他也为他人,为社会创造了价值。

相对应的,在一个健康的证券市场中,投资者和融资者应该是共赢的。作为融资者,企业及其大股东们若想赚到很多钱,其前提是让投资者赚到钱。

但 A 股市场不是这样。在目前的 A 股市场中,也有很多人赚大钱,甚至一夜暴富。但问题是,A 股市场最赚钱的赢利模式,无需"先利人"。不是投资,也不需要讨好投资者,而是上市本身,不管是 IPO,还是借壳上市,只要最终成功上市,就能暴富。

如此一来,上市本身成为一门生意、一门买卖,被称为"造富运动"。为此,企业普遍"重"上市资格的获取,"轻"上市后的经营,甚至为了上市可以不择手段行贿和财务造假。

众所周知,上市这个环节本身,对经济并无助推作用,也不能给投资者带来什么。这种赢利模式横行的结果是,证券市场成为权力寻租和圈钱工具,企业上市最终成为对普通投资者的掠夺。

A 股市场另一种比较赚钱的赢利模式是,内幕交易。由于信息披露制度还有待规范,相关索赔和处罚机制不够完善和严厉,一些人以此手段在 A 股市场中捞钱。相反,A 股市场的长期投资者却很难赚到钱,这显然不合理,有失公平原则。市场的公信力及投资者的信心,也因此一点点降低。

为此,证券市场改革的核心应该是,减弱、甚至消灭上述的被扭曲的赢利模式,建立"利己需要先利人"的赢利机制。

# 拯救 A 股市场离不开反腐①

> 如果把上市比作"卖股权", A 股市场比作一个"超市", 那么, A 股这个"超市"的特点是：(1)只要能进场就不愁卖不出；(2)可以卖很高的价格。所以, A 股市场这样的"超市", 每个"卖股权"的都想入驻, 可谓是"挤破脑袋"。在很长时间里, 中国经济快速增长, A 股市场却熊冠全球。因此, 很少有人会相信, 企业 IPO 这个涉及巨大利益的环节会干净。

证监会此前已经明确"未来七个月只发 100 家公司"。为此, 人们很想知道, 对于目前已经预披露及已过会的数百家企业, 证监会将如何选择和取舍？选择和排序的标准是什么？是否会存在权力寻租或腐败行为？

不管如何, 由此可以看到国内企业 A 股上市之难, 这个环节有着很强的计划经济色彩, 往往需要经历漫长的排队。相对应的是, 为投资者挑选公司的证监会发审委等部门在此过程中手握重权。

这些年, 历数国内最赚钱的几大领域, 企业 IPO 和房地产算是名列前茅。在这两大领域中, 房地产相关的腐败案件非常多, 但在 IPO 环节却鲜有官员被抓。

不过, 这并不代表 IPO 环节没有权力寻租问题。在很长时间里, 中国经济快速增长, A 股市场却熊冠全球。因此, 很少有人会相信, 企业 IPO 这个涉及巨大利益的环节会干净。

---

① 本文写于 2014 年 5 月, 获新浪优秀专栏奖。

### A 股市场中的"劣币驱逐良币"现象

前阵子,许多人在讨论一个话题:新浪、京东、百度、携程等这么多好公司为何去了境外上市,让境外投资者得到分享? 相反,却有那么多问题企业在 A 股上市圈钱呢?

分析其中的原因,我认为,除了 A 股上市条件苛刻外,因权力寻租导致的上市环节的高昂"隐性成本"也应该是很重要的因素。

如果把上市比作"卖股权",A 股市场比作一个"超市",那么,A 股市场这个"超市"的特点是:(1)只要能进场就不愁卖不出;(2)可以卖很高的价格。

所以,A 股市场这样的"超市",每个"卖股权"的都想入驻,可谓是"挤破脑袋"。

然而,对于"卖垃圾股权"的公司而言,他们仅仅在 A 股这个"超市"能有销路,所以,他们愿意不惜血本。也因此,A 股的"入场费"会被这些人拉得很高很高。

相比之下,"卖优质股权"企业还有其他地方可以有销路,若要付过高的"入场费"肯定不划算,所以,便很可能不在 A 股市场上市。

在经济学上,这也算是"劣币驱逐良币"现象。显而易见,在这样的市场里,普通投资者很难赚到钱。为此,如何减少甚至消除上市环节的权力寻租,是一个很重要的课题。

### 权力若缺乏约束,市场公平是空谈

在此轮资本市场的改革过程中,除了前面提到的发行上市环节,信息披露和退市制度环节也至关重要。

公平、公正是市场运行和发展的基石。要根本改变 A 股市场目前的颓势,就必须要杜绝和打击造假行为,并使市场发挥优胜劣汰的功能,让该退市的股票及时退市。不管是上市过程中,还是上市之后,造假者都应付出惨痛的代价。

从经济层面来讲,造假者的代价主要包括两部分:一是处罚;二是民事诉讼。按照现行制度,与信息披露或内幕交易相关的民事诉讼,其前提除了法院的刑事判决,就是证监部门的处罚决定。因此,可以看出,能否及时"让造假者付出惨痛代价",证监部门是关键。

不过,这其中,令人玩味的是,这些年上市公司因造假被罚数不胜数,但很少看到相关监管部门有官员为其失职负责。事实上,信息披露违法违规屡禁不绝,除了因为制度缺陷,证监部门也难辞其咎。

由此分析,拯救 A 股离不开反腐败。对证券监管部门及人员违法违规"零容忍",杜绝其渎职行为或选择性执法,是净化和发展证券市场的重要一环。

当然,相比查处违法违规案件,制度上开展反腐显然更为重要和彻底。这就需要政府"明确权力的边界",需要通过顶层设计,放松管制、约束权力。

值得一提的是,正在推进的"发行注册制"就是属于放松管制。其逻辑是权力市场化,把选股的权力还给市场。

至于约束权力,我不由得又想到某证券公司高层不久前的一次公开爆料。他说,权力部门经常给证监会压力,比如,指定一个公司,"要求一定要上市"。

试想,若是权力得不到约束,高层的一个电话可以为所欲为,那么所有的反腐、证券市场公平及发展都只能是空谈。

所以,与其他领域的改革一样,证券市场改革的核心最终还是归结到"放松管制、约束权力"。这也是证券市场能否健康运行,并得到发展的关键所在。

# 楼市的钱会流向股市吗?[①]

> 股票投资投的是预期和信心。尽管改革无法一蹴而就,但若不断推出的改革举措能持续给老百姓带来实惠、带来希望,让人们感受到改革的决心,那么就一定可以转化为信心、转化为 A 股的动力。

伴随着 A 股市场指数不断攀升,"牛市论"呼之欲出。

说到牛市,我不禁想起 2005—2007 年那波大牛市。在 2006 年上半年,在那波行情的初期,每次与基金经理或私募大佬吃饭、闲扯,谈得最多的话题肯定都是"牛市要来了"。

那真是一段让人激情澎湃的岁月。后来,牛市如期而至,沪综指一路涨到 6000 多点,很多人赚钱都赚怕了。

对照当时的情形,现在回想起来,A 股的牛市需要两个重要因素:

第一,赚钱效应。由于国内投资渠道有限,很多人仍然投资无门。为此,一旦 A 股的赚钱效应显现,就会有无数的人跟风进来。这与前几年楼价疯狂上涨的逻辑是一样的。

第二,"讲故事",即给人们一个有说服力的牛市逻辑。2005—2007 年那波大牛市的最主要的"故事"有两个:股权分置改革和人民币升值。这二者分别从政策和资金两个维度给投资者讲故事。现在回想起来,人民币升值后确实吸引了不少热钱进入国内。

这几个月来,A 股市场涨了两三百点,赚钱效应开始隐现。如果未来有大行情,那么"故事"在哪里?

资金维度上,这段日子里,不少经济学者、证券业界人士提到了"房产

---

① 本文写于 2014 年 8 月。

的投资资金会流向股市"。

其基本的逻辑是：当楼市景气程度下降，作为老百姓另一个投资渠道，股市可能受到更多的关注和青睐。

同时，从投资资金成本的角度分析，伴随房价下跌，银行对于房产相关领域投资惜贷，其他领域的资金供给将因此趋向宽松。

不仅如此，由于楼市经济在国内经济中扮演着重要角色，当楼市不断降温，中央政府很可能因此而放松银根，比如降准甚至降息。

如此一来，资金成本有望进一步下降，这意味着投资 A 股市场的机会成本随之下降。这对于 A 股是重要利好。

数据显示，2014 年 6 月人民币存款激增 3.79 万亿，创 15 个月新高。事实上，这段时间来，不管是银行间的拆借利率、余额宝们的收益率，还是银行的贷款利率都已呈现下降的趋势。

不过，需要指出的一个问题是，在目前国内经济中，房地产业相当于经济"火车头"的角色。因此，对于上述"故事"还要看楼市未来的具体跌幅。若跌幅不大，上述"故事"可能会如预期进行。但如果是暴跌，经济受到较大的影响，甚至经济硬着陆，A 股则很难独善其身。

这些年，A 股市场"资金市""消息市"特征明显，与经济严重背离。不过，经济好的时候，A 股不一定涨；但经济不好的时候，A 股一定很难涨得动。

另外，楼市的钱是否会流向股市，关键还取决于政策维度的"故事"。

从近年来楼市的表现来看，国内一直流动性过剩，因此，A 股从来不会缺资金，关键是信心。而信心就来自于政策维度上的"故事"。

其实，虽然不少 A 股投资者经常在网上批评、喊话，但他们很容易被打动。2005—2007 年那波大牛市，广大投资者就被"股权分置改革"那个故事彻底打动了（现在看来，并不能解决 A 股的制度缺陷）。

不过，这一回，恐怕要更加实在、更加彻底的改革措施。目前，包括资本市场改革在内的经济改革已经在路上，能不能打动投资者并获得认可，要看管理层的本事。

股票投资投的是预期和信心。尽管改革无法一蹴而就，但若不断推出的改革举措能持续给老百姓带来实惠、带来希望,让人们感受到改革的决心,那么就一定可以转化为信心、转化为 A 股的动力。

综上所述,当前改革进程和楼市的具体表现将是 A 股市场这一波行情的重要变量。

# 索　引

# 后 记

在整理文稿的时候,才发现,原来过去两三年,我写了如此多的经济随笔和评论文章。

其实,我小时候最怕写作文。但后来的职业轨迹完全让人出乎意料。这或许就是人们常说的"人生因不可预知而精彩"。

我读的是经管类专业,23岁那年研究生毕业后,先后供职于《中国经营报》《杭州日报》,从财经记者到财经评论员。最早先是在《杭州日报》开设了第一个经济专栏,后来又受邀在新浪财经等多家主流媒体开了专栏。

至于经济学者、财经专栏作家等头衔,其实只是外界朋友们的抬爱。严格意义上讲,我只是经济学的"学习者"和"传播者"。但是,我不得不承认,我还是挺乐于借助上述头衔来更好地传播自己认为对社会有益的理念和想法。

说实话,写专栏确实给我带来不少好处。这是一个逼迫自己去思考,去锻炼写作的很好的途径。

同时,自己的理念和想法得到广泛传播是一件很爽的事情。也因为此,借助于新浪、网易、新华网、腾讯网、杭州日报等媒体平台的力量,每当想到自己的一篇文章可能有几十万甚至几百万人在看,就会莫名地兴奋。这也一直激励着我不断地坚持去想、去写。

在此,我想借此机会感谢最早提议和鼓励我在《杭州日报》开设经济专栏的良师益友杜平和洪光豫。感谢一直以来给予我支持的新浪财经王元平、贾韵航,腾讯证券研究院肖丹,腾讯壹克自媒体孟阳。当然,还要特别感谢先后在新浪财经和腾讯财经工作过的栗施路。

同时,向所有给我机会、给我启迪,并一直给予我鼓励、支持和帮助的领导、前辈、老师及身边的好友表示诚挚的感谢。

另外，还要必须感谢的是，在本书出版过程中，帮助积极筹划、给予建议和鼎力支持的几位好友和同事。他们是陈颖、王越、罗坚梅、周华诚、夏海微、朱雪利、刘乐平、徐瑾、吕明合。

在本书中，文章的内容主要分两个领域：一是投资；二是经济。目前来看，尽管由于文字功底一般，有些文章的语言乏力，但其给出的逻辑和分析还是能经得起检验的。如果说，经济学大多是常识，本文中的常识性错误应该不多。

我想，这应该得益于我曾经将近 10 年的财经记者经历。可以说，这些文章的素材、观点和分析方法，相当部分来自于接受我采访的各行各业的领袖和专业人士潜移默化的影响，以及平日里与好友、同事们的思想碰撞。

这其中，在经济学界，与我交流最多、对我影响最深的要数知名经济学家谢作诗教授。与谢老师的交流，常会让我醍醐灌顶，受益匪浅。

而在投资方面，近几年，我常与我的学弟刘旭方先生深入探讨一些投资相关话题。旭方是杭州一家私募基金公司的老总，在杭城小有名气。与他的交流和碰撞，常带给我启发和收获。

借此机会，真诚地向他俩表示感谢。同时，也向所有平日里与我交流、碰撞、探讨，给我启发、令我受益的采访对象及身边同事、朋友表示感谢。从一定意义上讲，这些经济随笔和评论文章是我们共同的作品。

我还想借此机会，感谢所有曾经教过我的老师。

从小到大，在学生生涯里，我最重要的一位老师是，小学四年级数学老师刘成株。在此之前，我一直成绩不太好，没有学习的兴趣，也可以说是问题学生。他来了之后，给了我很多鼓励，还偷偷告诉我是"全班最聪明"的孩子，这种赞扬带来的心理暗示成了一股无形的巨大力量。此后的两年，我的数学成绩一直全班第一。由此带来的信心，一直让我受益至今。

另一位重要的老师，是我的研究生导师史焕平教授。我刚到上海工作的时候，举目无亲。当时，除了中国经营报社的同事们，史老师也给了我很大的支持。若干年后,我总会想起,当年在上海的一次饭后,他紧紧拉着一位学长的手嘱咐说:"若有机会,一定要支持和帮助恩挚。"

除此之外,我还要借此感谢在职场生涯中给予我指导、帮助和支持的各位老师。他们是刘影、张岩铭、杨爱心、胡朝晖、张荣旺、杜平、鲍一飞、于国清、袁晓航。

最后,我要感谢一个最重要的人,就是我的妻子李君。她曾是上海一所本科高校最受欢迎的年轻教师之一,在任教的第一年就荣获"上海高校选拔培养优秀青年教师科研专项基金"。几年前,她辞去高校里的教职,心甘情愿、全心全意地承担起操持家务、养育孩子的重任,从而让我可以有更多的精力放在工作上。为了孩子和我,她付出了太多。拥有这么好的妻子,是我人生的福分。在此说声谢谢。

恩挚于杭州

2016.06.01